속담 속에 숨은 수학

확률과 통계

속담 속에 숨은 수학 확률과 통계

2014년 5월 30일 초판 발행
2021년 8월 30일 4쇄 발행

지은이 송은영
그린이 박안숙
펴낸이 김기옥
펴낸곳 봄나무
편집디자인 최미영
영업 김선주
지원 고광현 임민진 김형식
등록 제313-2004-50호(2004년 2월 25일)
주소 121-839 서울시 마포구 서교동 392-34 강원빌딩 5층
전화 (02) 325-6694 **팩스** (02) 707-0198
이메일 info@hansmedia.com

도서주문 한즈미디어(주)
주소 121-839 서울시 마포구 서교동 392-34 강원빌딩 5층
전화 (02) 707-0337 **팩스** (02) 707-0198

ⓒ 송은영 2014
ISBN 979-11-5613-025-3 73410

* 이 책 내용의 일부 또는 전부를 재사용하려면 반드시 저작권자와 봄나무 양측의 동의를 얻어야 합니다.
* 책값은 뒤표지에 나와 있습니다.

속담 속에 숨은 수학

확률과 통계

송은영 지음 | 박안숙 그림

봄나무
Bomnamu Publishers

머리글

속담 속 삶의 지혜로 확률을 배워요

우리는 매일매일 어떤 간절한 바람을 갖거나 이런저런 예측을 하며 살고 있어요.

"오늘은 수학 선생님이 숙제를 안 내 주셨으면 좋겠다.", "내일 우산을 가져가야 하나, 말아야 하나?", "올해 크리스마스에는 눈이 내릴까, 안 내릴까?", "이 고추는 매울까, 안 매울까?" 이런 식으로 말이에요. 그리고 그 예측은 가능성, 즉 확률로 이어져요.

"수학 선생님이 숙제를 낼 가능성은 얼마나 될까?", "내일 우산을 쓸 확률은 얼마나 될까?", "올해 크리스마스에 눈이 올 가능성은 얼마나 될까?", "이 고추가 매울 확률은 얼마나 될까?"

지금은 과학 기술이 발전해서 내일 우산을 가져가야 할지 말지, 크리스마스에 눈이 내릴지 안 내릴지를 어렵지 않게 알 수 있어요. 물론 선생님이 숙제를 내 주실지 예측하기는 어렵지만요. 그런데 예측을 하고, 확률을 구하기 힘들었던 시절에 살던 사람들은 비나 눈이 올 거라는 걸 어떻게 알았을까요? 주사위 놀이를 할 때 이길 확률은 또 어떻게 알아냈고요?

오랫동안 전해져 오는 속담을 잘 들여다보면 그 답을 알 수 있어요. 우리가 매일매일 이야기하는 예측과 가능성, 확률에 대한 고민의 흔적이 속담 속에 고스란히 남아 있거든요. 이런 속담을 배우면 우리 선조들이 어떤 상황에서 무엇을 고민했는지, 얼마나 현명한 방법으로 수학적 지식을 깨쳤는지 알 수 있어요.

우리는 그중에서 선조들이 터득했던 가능성과 확률의 법칙을 배울 거예요. '우물에 가 숭늉 찾는다.', '백지장도 맞들면 낫다.', '모 아니면 도', '가는 날이 장날이다.'와 같은 속담에서요. 뿐만 아니에요. 확률과 통계는 실과 바늘 같은 사이예요. 실 가는데 바늘이 따라가지 않을 수 없겠죠. 확률은 어떤 일이 일어날 가능성을 말해요. 통계는 그 일이 일어난 현상을 한눈에 알아볼 수 있게 숫자로 표현한 것이고요. 통계는 확률의 탄탄한 바탕 위에서 성장할 수 있어요. '마른하늘에 날벼락', '작은 고추가 맵다.'와 같은 속담은 통계에 대한 이야기를 들려줘요.

여러분이 이 책에서 선조들의 지혜가 고스란히 담긴 속담 속의 의미를 되새기고 확률과 통계도 깨칠 수 있었으면 좋겠어요. 거기에 여러 나라의 수학자들의 이야기를 배우며 일거양득, '꿩 먹고 알 먹기'를 바랄게요.

- 2014년 5월, 일산에서 송은영

차례

머리글 • 4

우물에 가 숭늉 찾는다 가능성과 확률 • 9

백지장도 맞들면 낫다 확률의 탄생 • 33

모 아니면 도 경우의 수와 확률 • 52

가는 날이 장날 확률과 우연의 일치 • 78

마른하늘에 날벼락 통계학의 시작 • 92

작은 고추가 맵다 평균과 표준 편차 • 110

참고 자료 • 133

우물에 가 숭늉 찾는다

가능성과 확률

누룽지를 아시나요?

요즘은 어느 집이나 전기밥솥 아니면 압력 밥솥에 밥을 하지요. 그래서 솥 바닥에 밥이 잘 눌어붙지 않아요. 하지만 제가 어렸을 적만 해도 전기밥솥이나 압력 밥솥이 드물어서 양은으로 된 솥이나 무쇠로 만든 가마솥에 밥을 지었어요. 이런 솥에 밥을 하면 솥 바닥에 밥이 쉬이 눌어붙는데, 이렇게 솥 바닥에 눌어붙은 밥을 누룽지라고 해요.

오늘날이야 과자니 빵이니 사탕이니 초콜릿이니 먹을거리가 넘쳐나지요. 하지만 1960년대의 대한민국은 세계에서 가장 못사는 나라 중의 하나여서, 이런 군것질거리를 찾는다는 것은 사치도 이

만저만한 사치가 아니었어요. 간식거리가 귀했던 그 시절, 밥을 지으면 자연스레 생기는 누룽지는 그래서 전 국민이 즐기는 간식거리였지요.

누룽지는 맛 좋은 간식거리이기도 했지만, 물을 부어서 끓여 먹기도 했는데 이 국물이 숭늉이에요. 그 시절의 어른들은 식사를 다 마친 후에 뜨끈한 숭늉을 후루룩 마시곤 했어요. 요즘 사람들이 식사 후에 커피를 즐겨 마시는 것처럼요.

자, 그럼 생각해 봐요. 우물은 밥을 짓는 곳이 아니에요. 수도가 없던 시절 일상생활에 쓸 물을 길어 올리는 곳이었지요. 그런 우물가에서 숭늉을 찾으면요? 그래요, 숭늉이 나올 리가 없어요. 우물물로 밥을 짓고, 거기서 나온 누룽지에 다시 물을 붓고 끓여야 비로소 숭늉이 만들어질 테니까요.

마찬가지로 콩밭에 가서 두부를 찾는 것도, 우물에 가서 숭늉을 찾는 것이나 다르지 않겠죠. 우물물이 숭늉이 될 수 없듯이, 날콩이 바로 두부가 될 수는 없으니까요. 이처럼 모든 일에는 다 차례와 순서가 있는 법이에요. 그런데 그 과정을 무시한 채 성급하게 결과를 내놓으라며 서두르고 재촉하는 사람을 두고, '우물에 가 숭늉 찾는다.', '콩밭에 가서 두부 찾는다.'라고 말해요.

 가능성은 확률이에요

'우물에 가 숭늉 찾는다.'라는 속담은 가능성과 연결 지어서 생각해 볼 수 있어요. 우물에서 숭늉을 찾는 것은 가능성이 클까요, 적을까요? 맞아요, 가능성이 적어요. 아니, 가능성이 거의 없다고 해도 지나치지 않아요. 우물에는 음식을 조리할 수 있는 시설도 없고, 놋쇠나 무쇠솥을 걸어 놓을 수 있는 부뚜막 같은 곳도 마련돼 있지 않으니까요. 숭늉이 하늘에서 뚝 떨어지지 않는 한, 우물에서 길어 올린 물이 바로 숭늉으로 변하지 않는 한, 이건 불가능한 일이에요.

수학에서는 가능성을 확률로 표시해요. 가능성이 크면 '확률이 높다.', 가능성이 적으면 '확률이 낮다.'고 해요. 우물에 가서 숭늉을 찾는 것은 가능성이 낮아도 매우 낮으니, 확률로 치면 0(영)에 가깝다고 할 수 있겠지요.

확률 0은 일어날 가능성이 아예 없다는 뜻이에요. 예를 들어 고양이가 시리우스별이 된다거나, 지구가 한순간에 빙하로 뒤덮인다거나, 소나무가 말을 한다거나, 사과가 구름 위로 올라가 두둥실 떠다닌다거나 하는 것은 일어날 수 없는 현상이에요. 이는 확률 0의 현상인 것이지요.

반면, 밤이 지나면 아침이 온다거나 따뜻해지면 얼음이 녹는다거나, 종이에 불을 붙이면 탄다거나, 산을 높이 오를수록 공기가 희박해진다거나 하는 것은 꼭 일어나는 현상이에요. 이를 확률로 말하면 100퍼센트가 되겠죠. 확률 100퍼센트인, 반드시 일어나는 현상을 수학에서는 확률 1(일)로 나타내요.

신에게 빌고 또 빌었어요

우리가 아무리 날고뛰어도 우물물을 바로 숭늉으로 변하게 할 수도, 날콩을 바로 두부로 바꿔 놓을 수도 없어요. 그런데 옛 사람들은 신(神)이 그런 일을 누워서 떡 먹듯이 할 수 있다고 생각했어요. 인간은 결단코 해낼 수 없는 일을 신은 손쉽게 할 수 있다고 믿은 거예요. 확률로 따지면 확률 0인 현상을 확률 1의 현상으로 간단히 바꿀 수 있다고 본 것이지요. 그래서 옛 사람들은 불가능한 일을 가능하게 해 달라고 신에게 빌고 또 빌었는데요, 대표적인 예가 기우제(祈雨祭)예요.

옛 사람들은 신이 날씨를 좌지우지한다고 생각했어요. 비가 오랫동안 내리지 않아서 논바닥이 쩍쩍 갈라지고, 강이 메말라서 마실 물조차 찾기 어려울 때면 하늘에 기원하고 또 기원했어요.

"비의 신이시여, 비의 신이시여, 하루빨리 비를 내려 주시옵소서."

옛 사람들이 가뭄이 들 때면 치렀던 의식을 기우제라고 해요. 그들은 때로 비가 올 때까지 매일매일 기우제를 지내기도 했어요. 우리나라도 예전부터 왕이 몸소 기우제를 지냈다는 기록이 김부식(1075년~1151년)이 지은 《삼국사기》에 잘 나타나 있어요.

서기 227년, 4월에 크게 가물자 구수왕(백제의 6대 왕)이 빌었더니 이내 비가 내렸다. 서기 253년, 5월에서 7월까지 비가 오지 않아서 첨해이사금(신라의 12대 왕)이 빌고 제사를 지내니 얼마 안 있어 비가 왔다. 서기 402년, 여름에 벼가 타 죽을 정도로 크게 가물자 아신왕(백제의 17대 왕)이 친히 빌고 제사를 지내니 마침내 비가 왔다. 서기 600년, 봄에 크게 가물자 법왕(백제의 29대 왕)이 행차하여 비가 오기를 빌었다. 서기 628년, 여름에 크

게 가물어 진평왕(신라의 26대 왕)이 시장을 옮기고 용을 그리며 비 내리기를 빌었다. 서기 715년, 6월에 크게 가물어 성덕왕(신라의 33대 왕)이 비 내리기를 빌게 하였더니 비가 열을 동안 내렸다. 서기 817년, 5월에 비가 내리지 않아서 헌덕왕(신라의 41대 왕)이 산천에 두루 빌었더니 7월에 비가 내렸다.

 ### 언제까지나 신에게만 의지하진 않았어요

비가 내리지 않아도 탈이었지만, 너무 많이 와도 문제였어요. 몇 날 며칠 동안 비가 억수같이 쏟아지거나 태풍이라도 지나가면, 한 해 동안 힘들게 지은 농사가 하루아침에 물거품이 돼 버렸어요. 그러면 그들은 또 이렇게 기원했어요.

"벼와 과일이 잘 자랄 수 있을 정도로만 비를 적당히 뿌려 주시고, 태풍이 다시는 찾아오지 않게 해 주세요."

이렇듯 옛 사람들이 할 수 있는 최선의 방법은 신에게 빌고 또 비는 것이었지만, 언제까지나 마냥 신에게만 의지한 것은 아니었어요. 가뭄과 홍수와 태풍을 여러 번 겪다 보니 가뭄이 아무 때나 드는 게 아니고, 홍수가 매번 나는 게 아니며, 태풍이 늘 찾아오는 게 아니란 사실을 알게 되었거든요. 날씨가 신의 뜻에 따르기보단 자연 현상과 긴밀히 연관돼 있다는 것을 감 잡기 시작한 거예요.

이런 예는 속담 속에서 쉬이 찾아볼 수 있어요. 옛 사람들은 제비의 비행이 날씨와 연관이 있다는 사실을 알았어요. 제비가 낮게 나는 날은 비가 오는 경우가 잦았던 거예요. 제비가 낮게 나는 건 신의 뜻과는 관련이 없어요. 이것이 신의 뜻이라면 제비가 높이 나는 것도, 앞이나 뒤로 움직이는 것도, 왼쪽이나 오른쪽으로 방향을 바꾸는 것도 다 신의 뜻이어야 할 테니까요.

사람들은 제비가 낮게 날 때를 유심히 관찰했어요. 그리고 생각하고, 관찰하고 또 생각했어요. 그랬더니 이유가 보였어요. 제비가 좋아하는 먹이는 메뚜기, 매미, 벌, 잠자리, 하루살이, 모기, 파리 그리고 배추흰나비 애벌레와 딱정벌레 같은 벌레들이에요. 벌이나 잠자리 같은 곤충들은 비가 오면 날개가 젖기 때문에, 땅바닥 가까이로 내려가서 비를 피할 장소를 찾아요. 다른 벌레들도 비를 맞지 않기 위해서 땅에 몸을 바짝 숨기려 해요. 사람처럼 제비도 먹을거리를 안 먹고 살 수는 없어요. 그러니 어쩌겠어요? 먹잇감을 찾

기 위해서 가능한 낮게 날 수밖에요. 그래서 '제비가 낮게 날면 비가 온다.'라는 속담이 생긴 거예요.

옛 사람들이 알게 된 날씨와 관련된 속담은 이것 말고도 '아침 무지개는 비가 올 징조다.', '저녁 무지개는 날씨가 갤 징조다.', '아침에 안개가 끼면 날이 맑다.', '마구간 냄새가 고약하면 비가 내린다.', '개미가 진을 치면 비가 온다.', '무릎이 쑤시면 날씨가 흐리다.', '뇌우 많은 해는 풍년이 든다.' 등이 있어요.

옛 사람들이 경험으로 얻은 이런 속담들은 어쩌다 운이 좋아서 딱 한 번 맞는다거나, 잠깐 동안만 맞곤 하는 게 아니었어요. 시간이 흐르고 흘러도 잘 들어맞았어요. 그래서 비가 언제 올지, 해가 언제 날지를 예측하는 것이 가능해졌어요. 따라서 기우제에 목메지 않게 되었고, 마침내는 신에게만 전적으로 의지하지 않게 되었어요.

 갈릴레이는 예측하는 데 수학을 이용했어요

사람들은 이제 자연 현상을 신에게 기대지 않고 스스로 정확히 예측하고 싶어졌어요. 그러자면 '아주 많이', '많이', '조금', '매우 조금'과 같은 명확하지 않은 표현을 사용해선 안 되었어요. 예를 들어 밤사이에 비가 내려도 누구는 '아주 많이 왔다.', 누구는 '많이 왔다.', 라고 해요. 사람마다 제각각 기준도 표현하는 방법도 달라, 대체 얼마만큼이나 왔는지를 정확히 알 수가 없기 때문이에요.

그렇다면 어떻게 해야 할까요? 그래요, 두루뭉술한 표현 대신에 수를 이용하면 돼요. 95, 77, 39, 21과 같은 숫자를 이용해서 자연 현상을 표시하고 기록하면 되는 거예요.

생각해 봐요. '내일 눈이 아주 많이 내릴 것 같다.'와 '내일 눈이 올 확률은 97퍼센트다.' 중에서 어느 것이 더 정확한 표현인가를요.

사람들은 오래전부터 수를 이용해 왔어요. 길이와 무게와 부피를 재고, 산의 높이와 지구 둘레를 재는데 말이에요. 그런데 이것이 예측은 아니에요. 측정일 뿐이에요.

자연 현상을 예측하는 데 수학을 이용한 사람은 갈릴레이(1564년 ~1642년)가 처음이라고 할 수 있어요.

갈릴레이는 아인슈타인, 뉴턴과 함께 세계 3대 과학자로 꼽히는 걸출한 인물이에요. 갈릴레이 시대에는 과학이 수학과 따로 떨어져 있지 않고, 수학의 한 부분에 속해 있었어요. 그의 업적을 간략히 적어 볼게요.

이탈리아 피사대성당의 등불이 흔들리는 것을 보고 진자의 등시성 발견, 비중천칭의 발명, 무게 중심에 대한 원리 발견, 온도계 발명, 물체 운동에 대한 기본 개념 확립, 물체의 낙하 현상 연구, 포물선 운동의 발견, 물을 끌어올리는 장치 발명, 천체 망원경의 발명, 달에도 깊은 골짜기와 높은 산이 많다는 사실 확인, 태양의 흑점 관측, 목성의 4개 위성 발견, 은하수의 실체 확인, 성운 관측, 태양이 우주의 중심

이라는 지동설 주장 등 이루 다 열거하기 어려울 정도예요. 갈릴레이가 왜 3대 과학자에 들어가는지 이젠 알겠죠?

갈릴레이는 수학을 학문 중의 학문이라고 보았어요.

"수학을 공부하면 지식의 최정상에 오를 수 있다.", "수학의 지식과 신의 지식은 별 차이가 없다."고 했을 정도니까요. 이처럼 수학을 최고의 학문이라고 생각했으니, 갈릴레이가 자연 현상의 비밀을 밝히는데 수학을 적용하지 않았을 리 없죠.

갈릴레이가 수학을 적용한 예

갈릴레이는 자연 현상을 예측하는 데 수학을 어떻게 이용했을까요? 물체가 위에서 아래로 떨어지는 현상을 예로 들어 볼게요. 이는 과학 용어로 낙하 현상이라고 해요. '공중에서 떨어뜨린 물체는 점점 빨라진다.' 이를 수학적으로 표현하면 '땅바닥에 가까워질수록 물체의 속도가 증가한다.'라고 할 수 있어요. 요즘이야 이 현상을 당연하다는 듯 대수롭지 않게 받아들이지만, 갈릴레이 시대에는 그렇지가 않았어요. 이는 새롭고도 새로운 발견이었어요. 어떤 사람은 계속 똑같은 속도로 떨어진다 생각했고, 또 어떤 사람은 점점 느려진다고

생각하기도 했거든요. 그러니 이 정도만 밝힌 것에서도 충분히 만족할 수 있었을 거예요. 하지만 갈릴레이의 지적 호기심은 그걸 허락하지 않았어요.

"1초가 지나면 얼마나 떨어질까? 2초가 지나면, 또 3초……가 지나면 얼마나 더 떨어질까?"

갈릴레이는 비탈에서 공을 놓아 1초, 2초, 3초가 지난 후에 공이 구른 거리를 자로 정확히 쟀어요. 1초 동안에 구른 거리를 1이라고 하면, 공이 구른 거리는 2초 후에는 4, 3초 후에는 9가 됐어요.

여러분, 이 결과를 보고 뭔가 떠오르는 게 있지 않나요? 그래요, 시간과 공이 구른 거리 사이에는 연결 고리가 있을 것 같다는 생각이 들어요.

2초 동안 구른 거리는 4예요. 이는 시간 2를 두 번 곱한 값(2×2=4)과 같아요. 그리고 3초 동안에 구른 거리 9는 시간 3을 두 번 곱한 값(3×3=9)과 같아요. 자, 그렇다면 4초가 지난 후의 공이 구른 거리는 어떻게 되겠어요? 맞았어요. 시간 4를 두 번 곱한 16(4×4=16)이 될 거예요. 그리고 5초와 6초가 지난 후의 공이 구른 거리는 25(5×5=25)와 36(6×6=36)이 될 거고요.

이젠 감을 잡았나요? 그래요, 시간과 공이 구른 거리 사이의 연결 고리는 시간을 두 번 곱한 값에 있었던 거예요. 이를 수학적으로 표현하면, '공이 비탈을 내려온 거리는 시간을 두 번 곱한 값에 비례한다.'가 되지요. 비례한다는 것은 한쪽이 증가하면 관련된 다른 쪽도 증가한다는 말이에요.

여기서 잠깐! 여러분은 쉬운 길로 가고 싶은가요, 어려운 길로 가고 싶은가요? 그래요, 두말하면 잔소리죠. 괴팍한 성격이 아닌 이상 누구나 쉬운 길을 선택해요. 수학자나 과학자나 공학자나 경제학자나 연구하는 사람들도 다 마찬가지예요. 목적지가 같다면 굳이 힘든 길을 원하지 않아요.

갈릴레이가 비탈을 선택한 이유가 여기에 있었어요. 공이 비탈을 굴러 내려오나 공중에서 그냥 떨어지나, 땅바닥으로 향하는 것은 마찬가지예요. 두 현상 모두 지구가 물체를 당기는 힘, 중력 때문에 발생해요. 그러니 공이 떨어진 거리는 두 경우 모두 시간을 두 번 곱한 값과 같다고 할 수 있어요. 비탈을 굴러 내려오나 공중에서 그냥 떨어지나 낙하 거리가 시간의 제곱에 영향 받는다면, 당연히 실험하기 쉬운 쪽을 택하는 게 좋을 거예요. 비탈을 굴러 내려온 거리를 재는 게 쉽겠어요, 공중에서 그냥 떨어지는 거리를 재는 게 쉽겠어요? 맞았어요, 비탈이에요. '낙하 거리 공식을 발견하는데 왜 비탈에서 공을 굴릴까?'라는 의문을 품고 있던 사람이 있다면 이젠 그 의문이 풀어졌을 거예요.

이제 낙하 거리를 예측할 수 있게 되었어요. 10초가 지난 후의 낙하 거리든, 20초가 지난 후의 낙하 거리든, 100초가 지난 후의 낙하 거리든, 물체가 떨어지는 데 걸린 시간만 알면 그 시간을 두 번 곱해서, 즉 시간을 제곱해서 낙하 거리를 구하면 되니까요. 이는 갈릴레이 이전에는 그 누구도 해내지 못한 위대한 업적이에요. 갈릴레이의 이런 노력 덕분에 수학을 활용한 자연 현상과 일상생활의 확률을 예측할 수 있는 탄탄한 디딤돌이 마련되었어요.

갈릴레이가 푼 확률 문제

갈릴레이가 수학으로 확률을 예측할 수 있는 기반을 마련했다고 했잖아요. 그렇다면 이런 궁금증이 일지 않을까요? '갈릴레이가 직접 확률도 계산했을까?' 어땠을 것 같나요? 갈릴레이는 확률을 예측하고 구할 수 있는 기반을 마련했을 뿐만 아니라, 직접 계산도 했어요.

갈릴레이 시대의 유럽에는 돈 많은 귀족이 유능한 과학자를 도와주는 풍습이 널리 퍼져 있었어요. 갈릴레이가 살았던 이탈리아에서 가장 명망 있는 집안은 메디치 가문이었어요. 갈릴레이는 이 메디치 가문의 코시모 왕자를 가르치면서 여러 도움을 받았어요. 코시모 왕자는 훗날 토스카나 지역을 통치하는 대공, 코시모 드 메디치 2세(1590년~1621년)가 된 인물이에요.

하루는 코시모 드 메디치 2세가 갈릴레이를 친히 불렀어요.

"내가 요즘 주사위 놀이에 흥미를 갖고 있소."

"그러하시옵니까, 전하."

갈릴레이가 정중히 허리를 굽히며 대답했어요.

"그런데 문제가 생겼소."

"전하의 심기를 불편케 한 문제가 무엇이온지요?"

"세 개의 주사위를 동시에 던졌을 때 나온 눈을 더하는 놀이를 하고 있었소. 나는 당연히 눈의 합이 9와 10이 되는 경우가 똑같다고 생각했소."

"전하께서는 9와 10이 몇 번이나 나온다고 판단하셨는지요?"

"9도 여섯 번, 10도 여섯 번이오."

"전하께서 구하신 눈의 조합을 구체적으로 알려 주실 수 있으신지요?"

"그야 어려울 거 없지."

코시모 2세는 9와 10이 나올 수 있는 눈의 가짓수를 종이에 적었어요.

- 눈의 합이 9가 되는 경우:
  (1,2,6) (1,3,5) (1,4,4) (2,2,5) (2,3,4) (3,3,3)
- 눈의 합이 10이 되는 경우:
  (1,3,6) (1,4,5) (2,2,6) (2,3,5) (2,4,4) (3,3,4)

여기서 (1,2,6)이라는 것은 첫 번째 주사위의 눈은 1, 두 번째 주사위의 눈은 2, 세 번째 주사위의 눈은 6이 나왔다는 뜻이에요.

갈릴레이가 적힌 숫자를 보고 물었어요.

"그런데 무엇이 문제가 되었는지요, 전하."

"실제로 내기를 해 보니 눈의 합이 10이 되는 쪽에 건 사람이 아주 근소하게나마 유리했소. 그 이유가 뭔지 설명해 줄 수 있겠소?"

갈릴레이가 계산을 해 보았더니, 두 눈의 합이 9와 10이 나오는 경우는 6번씩이 아니었어요. 9는 25번, 10은 27번이 가능했지요. 다음 페이지에서처럼요.

9는 25가지
10은 27가지

- 주사위 눈의 합이 9가 나오는 경우: 25가지

  (1,2,6) (1,3,5) (1,4,4) (1,5,3) (1,6,2)

  (2,1,6) (2,2,5) (2,3,4) (2,4,3) (2,5,2) (2,6,1)

  (3,1,5) (3,2,4) (3,3,3) (3,4,2) (3,5,1)

  (4,1,4) (4,2,3) (4,3,2) (4,4,1)

  (5,1,3) (5,2,2) (5,3,1)

  (6,1,2) (6,2,1)

- 주사위 눈의 합이 10이 나오는 경우: 27가지

  (1,3,6) (1,4,5) (1,5,4) (1,6,3)

  (2,2,6) (2,3,5) (2,4,4) (2,5,3) (2,6,2)

  (3,1,6) (3,2,5) (3,3,4) (3,4,3) (3,5,2) (3,6,1)

  (4,1,5) (4,2,4) (4,3,3) (4,4,2) (4,5,1)

  (5,1,4) (5,2,3) (5,3,2) (5,4,1)

  (6,1,3) (6,2,2) (6,3,1)

25와 27 중에서 큰 수가 무엇이죠? 그래요, 27이에요. 이는 주사위를 던졌을 때 더 빈번히 나온다는 뜻이에요. 즉, 주사위 눈의 합이

9가 되는 경우보다 10이 되는 경우가 더 자주 나온다는 의미지요. 결국 9와 10이 나오는 경우가 6번씩이라고 한 코시모 2세의 계산이 틀렸던 거예요.

갈릴레이가 확률을 탄생시키진 않았어요

갈릴레이는 수학을 사용해 확률을 예측하고 계산할 수 있는 디딤돌을 제공해 주었을 뿐만 아니라, 확률도 정확히 계산했어요. 하지만 많은 수학자들은 갈릴레이를 가리켜서 확률을 탄생시킨 인물로 보진 않아요. 그 이유를 망원경을 예로 들어서 설명해 볼게요.

1609년 여름, 갈릴레이는 새로운 발명에 대한 소식을 전해 들었어요. 네덜란드의 안경 제작자들이 멀리 있는 물체를 서너 배 확대해서 가까이 있는 것처럼 볼 수 있는 망원경을 만들었다는 소식이었어요. 이 소식은 삽시간에 여러 나라로 퍼져 나갔고, 이를 믿는 사람도 있었고, 어떻게 그런 일이 가능하냐며 믿지 않는 사람도 있었어요. 갈릴레이는 파리의 귀족 자크 바도보아와 편지를 주고받으며 이것이 뜬소문이 아니란 것을 확인했어요.

갈릴레이는 곧바로 망원경 제작에 뛰어들었어요. 손수 렌즈를 깎고, 그 렌즈가 얼마나 빛을 굴절시키고 반사하는지를 확인했어요. 그러기를 수십 차례, 이내 고배율 렌즈를 장착한 망원경을 만드는 데 성공했어요.

갈릴레이의 망원경은 세상에서 성능이 가장 좋은 것이었어요. 갈릴레이는 이것을 팔아서 돈도 벌고, 명예도 쌓았어요. 그러나 갈릴레이는 여기서 멈추지 않았어요. 갈릴레이의 머릿속에 우주가 번뜩 떠올랐거든요. 망원경으로 하늘을 보면, 별과 행성을 선명하게 관측할 수 있을 거란 생각이 뇌리를 강하게 스치고 지나간 거예요.

갈릴레이는 망원경으로 우주를 관찰하기 시작했어요. 그리고 발견한 것을 《시데레우스 눈치우스》라는 책으로 펴냈는데, 그 책을 코시모 드 메디치 2세에게 바쳤어요.

"《시데레우스 눈치우스》는 피렌체의 귀족이자 파도바대학의 수학 교수인 나 갈릴레오 갈릴레이가 스스로 제작한 망원경으로 발견한 것을 소개한 책입니다. 나 갈릴레이는 고귀하신 토스카나의 코시모 드 메디치 2세 전하께 이 책을 바치려 합니다."

여러분도 한번 생각해보세요. 갈릴레이가 배율이 높은 망원경을 제작한 것에만 만족했다면 망원경 제작자로는 유명해졌을지 모르지만, 위대한 과학자로는 이름을 올려놓지 못했을 거예요. 배율이 높은 망원경을 만든 것만으론 과학적 의미가 크지 않기 때문이에요. 갈릴

레이는 그걸 이용해서 자연의 비밀을 푸는 뚜렷한 업적을 쌓았기 때문에 과학적으로 높이 평가를 받았던 거예요.

네덜란드의 안경 제작자들은 갈릴레이보다 앞서 망원경을 발명했어요. 하지만 그들은 그것을 이용해 천체를 관측하는 것과 같은 과학적 성과를 내지는 못했지요. 그래서 그들을 과학자라고 부르지 않아요.

갈릴레이가 확률론의 창시자로 평가받지 못하는 것도 이와 마찬가지예요. 갈릴레이는 코시모 2세가 부탁한 확률 문제를 푼 것에 그쳤어요. 좀 더 깊이 있게 연구를 많이 해서 확률의 새로운 원리나 법칙을 발견했다면, 갈릴레이는 확률론을 탄생시킨 학자로 널리 평가받았을 거예요.

백지장도 맞들면 낫다

확률의 탄생

딱지치기해 본 적 있나요?

저는 어렸을 적에 딱지치기를 많이 했어요. 제가 주로 한 딱지치기는 '넘겨 먹는 딱지치기'였어요. 땅바닥에 놓인 상대 딱지를 내 딱지로 쳐서 뒤집으면 이기는 게임이에요. 이기면 상대 딱지도 내 것이 되었지요. 물론, 상대가 내 딱지를 쳐서 넘기면 상대도 내 딱지를 가져갔어요.

넘겨 먹는 딱지치기를 할 때의 딱지는 종이를 네모난 모양으로 접어서 만들었어요. 딱지는 크고 두툼할수록 이길 확률이 높아요. 잘 뒤집어지지 않거든요. 그래서 아이들은 언제나 두껍고 큰 종이로 딱지를 만들려고 했는데, 문제는 종이였어요.

앞에서도 말했지만, 제가 어렸을 때의 우리나라는 세계에서 가장 못사는 나라 중의 하나여서 종이가 무척이나 귀했어요. 요즘이야 흔한 게 종이여서 그 귀함을 잘 모르지만, 당시에는 신문지 한 장이라도 그냥 내다 버리는 경우가 없었어요. 하물며 라면 상자 같은 큼지막한 박스야 두말할 필요가 없었지요.

딱지치기하는 아이들의 가장 큰 바람은 큼지막한 골판지를 접어서 왕 딱지를 만드는 것이었어요. 조무래기 딱지들을 단번에 제압할 수 있는 왕 딱지, 그것만 있으면 동네 아이들 딱지를 긁어모으는 것은 '식은 죽 먹기'였지요. 왕 딱지를 갖고 있는 아이는 개선장군이 부럽지 않았고, 다른 아이들은 그 아이를 부러운 눈으로 바라보곤 했어요.

그렇다고 왕 딱지를 이길 수 있는 방법이 없는 것은 아니었어요. 왕 딱지를 이기는 방법은 의외로 간단하고 쉬웠어요. 왕 딱지보다 크고 두툼한 대왕 딱지를 만들면 됐거든요. 다만 대왕 딱지를 만들 만한 큼지막한 종이를, 종이가 귀한 그 당시에 구하기가 쉽지 않았다는 게 고민거리였지요.

아이들은 혼자의 힘으로는 대왕 딱지를 만들 수 없다는 것을 깨달았어요. 그래서 조금씩 힘을 모으기로 했어요. 한 장의 백지장이든, 공책 겉장이든, 뜯어진 박스 한 귀퉁이든, 자신이 가져올 수 있는 종이를 구해 왔어요. 아이들은 그렇게 모은 종이를 밥풀로 붙이고 이어서, 왕 딱지의 두 배만큼 큰 대왕 딱지를 접어 기세등등했던 왕 딱지를 간단히 굴복시켜 버리곤 했지요.

이처럼 협력하면 일을 더 쉽게 해낼 수 있을 때 '백지장도 맞들면 낫다.'라는 속담을 사용해요.

 파스칼에게 도움을 요청했어요

'백지장도 맞들면 낫다.'는 서로 돕는 것의 중요성을 알려 줘요. 협력은 확률을 탄생시키는 데 큰 역할을 했어요.

17세기 프랑스에 드 메레(1607년~1684년)라는 그다지 유명하지 않은 작가가 있었어요. 그는 프랑스 상류층의 귀족 출신으로, 사람을 만나서 노는 것을 꽤 즐겼지요. 1654년의 어느 날 그가 파스칼(1623년~1662년)을 찾아왔어요.

드 메레가 말했어요.

"저는 친구들과 주사위 게임을 즐겨 합니다."

"주사위 게임을 아주 잘하셔서 돈을 많이 따신다는 소문은 익히 들어 알고 있습니다."

파스칼이 말을 이었어요.

"그런데 무슨 일로 저를 찾으셨는지요?"

"수학을 굉장히 잘하신다는 소문을 들었습니다. 도움을 얻고자 해서요."

"제가 어떻게 도우면 되나요?"

"문제를 풀어 주시면 됩니다."

"어떤 문제인가요?"

"주사위를 던지면 1에서 6까지의 수 가운데서 하나가 나옵니다."

"그렇지요."

"그러나 그 누구도 어떤 수가 나올지는 장담하지 못합니다."

"그것이 주사위 놀이의 묘미지요."

"그런데 제가 주사위 놀이를 많이 하다 보니까, 흥미로운 예측이 가능하더라고요."

"그 예측이 무엇인가요?"

파스칼이 궁금하다는 듯이 물었어요.

"저는 주사위 하나를 연거푸 4번 던지는 게임을 즐겨 합니다. 그럴 때마다 1이 한 번은 나온다는 쪽에 내기를 겁니다."

"결과는 어땠나요?"

파스칼이 호기심 어린 눈빛으로 그를 바라보았어요.

"질 때도 있지만, 이길 때가 더 많더라고요."

파스칼이 계산을 해 보았어요. 주사위를 4번 던질 때 1이 한 번이라도 나올 확률은 약 52퍼센트였어요.(이 계산은 중·고등학교의 수학 실력을 갖추면 풀 수 있습니다.)

"주사위 4번 던지기 시합을 100번 하면, 드 메레 씨가 52번은 이기고, 48번은 진다는 결과가 나오네요."

"제 판단이 틀리지 않았네요."

"예측력이 대단하십니다."

"그런데 제 예측이 맞지 않는 상황이 발생했어요."

"이번도 주사위를 한 개 던지는 게임인가요?"

"아닙니다. 주사위 두 개를 동시에 던지는 게임입니다."

드 메레가 말을 이었어요.

"주사위 두 개의 눈을 더하면, 2부터 12까지의 수가 나옵니다."

"그렇습니다. 2는 두 주사위의 눈이 모두 1이 나올 때고, 12는 두 주사위의 눈이 모두 6이 나올 때지요."

- 주사위를 두 번 던지는 경우 나오는 가짓수: 36가지

  (1,1) (1,2) (1,3) (1,4) (1,5) (1,6)

  (2,1) (2,2) (2,3) (2,4) (2,5) (2,6)

  (3,1) (3,2) (3,3) (3,4) (3,5) (3,6)

  (4,1) (4,2) (4,3) (4,4) (4,5) (4,6)

  (5,1) (5,2) (5,3) (5,4) (5,5) (5,6)

  (6,1) (6,2) (6,3) (6,4) (6,5) (6,6)

"나는 주사위 두 개를 동시에 스물네 번 던지면, 주사위 눈의 합이 12가 되는 경우가 한 번은 나온다고 생각했습니다."

"물론 그 경우에 돈을 거셨을 테고요."

"그렇습니다. 그런데 주사위를 한 번 던지는 게임과는 다르게, 이번엔 게임을 하면 할수록 제가 잃는 경우가 더 많은 거예요."

"왜 그런 결과가 나오는지 계산을 해 볼게요."

파스칼이 다시 계산해 보았어요. 그랬더니 드 메레가 이길 확률이 49퍼센트가 나왔어요. 즉, 드 메레가 질 확률이 51퍼센트가 나온 거예요.(이 계산 역시 중·고등학교 수학 실력을 갖추면 풀 수 있습니다.)

"근소한 차이지만, 계산에서 보이다시피 드 메레 씨가 주사위 게임을 하면 할수록 지는 것은 어쩔 수 없는 일이네요."

"아, 그래서 제가 지는 경우가 많았군요."

확률이 탄생했어요

드 메레는 이외에도 골치 아픈 확률 문제들을 파스칼에게 묻곤 했는데, 그중에 하나가 흔히 말하는 상금 나누기 문제라는 것이 었어요. 드 메레는 어느 날 파스칼에게 다음과 같은 내용의 편지를 보냈어요.

> 두 사람이 돈을 걸고 주사위 던지기 게임을 합니다. 세 번 먼저 이기는 사람이 돈을 모두 가져가는 게임입니다. 그런데 피치 못할 사정이 생겼습니다. 한 사람은 두 번 이겼고, 다른 사람은 한 번 이긴 상태에서 어쩔 수 없이 주사위 게임을 중단하게 된 것입니다. 이때 돈을 어떻게 나눠야 할까요?

언뜻 보기에도 만만치 않아 보이죠. 두 번 이긴 사람은 한 번만 더 이기면 게임에서 승리하지만 그가 반드시 승리한다는 보장은 없어요. 한 번 이긴 사람이 두 번 연속 이겨서 승리할 수도 있으니까요. 프로 야구 한국시리즈를 보면, 처음에는 연패하다가 거푸거푸 승리해서 한국시리즈 우승을 차지하는 경우가 있잖아요. 그렇다고 한 번 이기고 있는 사람이 꼭 역전승할 거라고 확신하기도 어려워요.

이 골치 아픈 문제를 푼 사람이 바로 파스칼이에요. 파스칼은 어릴 때부터 천재 소리를 들었어요. 그런 파스칼도 이 문제를 바로 풀기는 어려웠어요. 그래서 파스칼은 또 한 명의 천재 수학자 페르마(1601년~1665년)와 편지를 주고받으며 이 문제를 논의했고 결국 풀어내었지요.

파스칼이 문제를 풀었다는 소식에 드 메레가 쏜살같이 달려왔어요.

"문제를 푸셨다고요?"

드 메레가 숨이 찬 목소리로 물었어요.

"쉽진 않았습니다."

파스칼이 빙긋 웃으며 말했어요.

"상금을 어떤 식으로 분배해야 공평한가요?"

"3대 1로 나누면 됩니다."

"3대 1이라면?"

"두 번 이긴 사람이 돈의 $\frac{3}{4}$을 갖고, 한 번 이긴 사람이 나머지 $\frac{1}{4}$을 가지면 공평하게 됩니다."

"그러니까 예를 들어서 상금이 4억 원이라면, 두 번 이긴 사람이 3억 원, 한 번 이긴 사람이 1억 원을 가지면 된다는 말이네요."

"바로 그렇습니다."

"이렇게 분배하면 왜 공평한지 그 이유를 자세히 말씀해 주실 수 있나요?"

"설명해 드리겠습니다."

파스칼이 말을 이었어요.

"한 사람은 두 번 이겼고, 다른 사람은 한 번 이겼으니, 게임을 총 3번 한 상태입니다."

드 메레가 고개를 끄덕였어요.

"두 사람이 4번째 게임을 합니다. 이 게임에서 두 번 이긴 사람이 이기면 경기는 끝나고 그가 모든 상금을 가져갑니다."

"이의가 있을 수 없지요."

"그러나 4번째 게임에서 한 번 이긴 사람이 이기면, 두 사람 모두 2승씩 거둔 셈이어서 동률이 됩니다. 그러니 상금을 반반씩 가지면 되죠."

드 메레가 파스칼의 다음 말을 기다렸어요.

"4번째 게임까지 생각해 본다면, 먼저 두 번 이긴 사람은 4번째 게임에서 지든 이기든 최소한 상금의 절반을 차지한 것이나 다름없지요."

"그렇네요."

"이제 5번째 게임에 들어가죠. 두 사람 모두 이 게임을 이길 확률은 반반씩입니다. 즉 확률 50퍼센트씩입니다. 따라서 나머지 절반의 상금을 반반씩 가르면 될 것입니다."

"그러니까 먼저 두 번 이긴 사람은 4번째 게임에서 상금의 절반을 얻고, 5번째 게임에서는 절반의 절반을 얻는 셈이네요. 그리고 한 번 이긴 사람은 5번째 게임에서 절반의 절반을 얻고요."

"정확하게 이해하셨습니다."

- **먼저 두 번 이긴 사람**: 상금의 절반 + 상금의 절반의 절반
- **한 번 이긴 사람**: 상금의 절반의 절반

이 문제도 확률 법칙을 이용해서 수식으로 명료하게 풀 수 있어요. 다만 이 또한 고등학교 수준의 수학 지식이 필요하답니다.

파스칼과 페르마도 갈릴레이처럼 이 문제를 풀고 마는 것에서 그쳤다면, 그들도 확률의 창시자가 되지는 못했을 거예요. 그러나 그들은 이후에도 편지를 주고받으며 확률을 본격적으로 연구했고, 확률 세상의 문을 활짝 여는 원리와 법칙들을 발견했어요. 이것이 파스칼과 페르마를 가리켜 확률 탄생의 선구자라고 부르는 이유지요.

 파스칼과 페르마, 얼마나 아세요?

서신으로 서로 도움을 주고받으며 확률론을 창시한 파스칼과 페르마, 이 두 사람에 대해 간략히 알아볼게요.

(1) 파스칼은 생각하는 갈대예요

여러분은 파스칼이 수학자인 줄 익히 알고 있었나요? 좀 부끄럽기도 하고 창피하기도 하지만, 저는 여러분만 할 때 파스칼이 문학가인 줄 알았어요. 요즘은 그다지 많이 쓰는 것 같지는 않지만, 제가 학교 다닐 적에는 신문과 방송은 물론 선생님들까지도 "사람은 생각하는 갈대다."라는 말을 자주 했어요. 인간은 바람에 이리저리 흔들리는 갈대처럼 몸은 연약하지만, 그 어떤 존재보다 똑똑한 생각을 할 수 있는 머리가 있어서 위대하다는 뜻이지요. 《팡세》라는 책에 이 유명한 말이 들어 있는데요, 이 책을 쓴 사람이 바로 우리가 여기서 이야기하는 확률론의 창시자 파스칼이에요. 그러니까 어린 저는 《팡세》를 지은 파스칼과, 확률을 연구한 파스칼이 다른 사람인 줄 알았던 거죠.

파스칼은 유능한 법률가 아버지를 둔 덕분에 부잣집에서 태어났어요. 하지만 어릴 적부터 아프지 않은 날보다 병치레를 한 날이 훨씬 많을 만큼 건강이 좋지 않았어요. 그래서 파스칼의 아버지는 어린 아들이 수학 공부를 하면서 혹여 머리를 너무 써 두통이 심해지지는 않을까 싶어 수학책을 모조리 치워 버리기도 했어요.

그런데도 어린 파스칼은 홀로 기하학의 원리를 증명하는 등 일찍이 수학에 천재성을 보였어요. 이를 모른 체할 수 없던 아버지는 파스칼을 수학자와 과학자들의 모임인 **메르센 아카데미**에 데리고 다녔어요. 파스칼은 그곳에서 데카르트, 페르마와 같은 위대한 학자들을 만나 친분을 쌓았어요.

파스칼은 어른이 된 후에도 여전히 병약했고, 갖가지 병과 싸워 나가야 했어요. 가끔씩 복통이 찾아왔고, 때로는 음식을 삼키기가 어려웠으며, 두통에 시달려 좀처럼 잠을 이루지 못했어요. 팔다리에 마비

증세까지 와서 파스칼의 몸은 그야말로 종합병원이나 다름없었어요. 파스칼은 의사의 말에 따라 당나귀의 젖 같은 고약한 음료도 마셔 보고, 갖은 치료와 처방을 다 받아 보았어요. 하지만 몸은 호전되기는커녕 갈수록 나빠졌어요. 의사들은 파스칼에게 공부나 연구 같은 머리를 쓰는 일은 절대로 하지 말고, 하루하루 즐겁게 지낼 것을 제안했어요. 파스칼은 의사의 지시대로 따랐고, 그렇게 해서 드 메레 같은 놀기 좋아하는 사람들을 알게 된 거예요.

파스칼은 확률론에 공헌한 것뿐만 아니라, 파스칼의 정리 같은 여러 수학 원리들을 알아냈어요. 그런데 놀라운 것은 파스칼이 수학 이외의 분야에서도 남다른 재능을 보이면서 걸출한 업적을 남겼다는 거예요. 1642년에는 톱니바퀴를

● 톱니바퀴를 이용한 세계 최초의 계산기 ●

이용한 세계 최초의 계산기를 발명했고, 1647년에는 진공이 존재한다는 것을 실험으로 입증했고, 1648년에는 높이 오를수록 대기의 압력이 낮아진다는 사실을 밝혀냈어요.

어른이 된 파스칼은 몸이 아플 때마다 글을 쓰면서 마음의 안정을 찾으려고 애썼어요. 파스칼이 죽은 후에 이 글들을 모아서 책으로 펴냈는데, 이것이 바로 그 유명한 《팡세》예요. 수학자이며 과학자이고 발명가이기도 했으며, 철학자이자 위대한 문학가였던 파스칼은 끝내 병을 이기지 못하고 39세의 젊은 나이로 생을 마감했어요.

(2) 페르마는 17세기 최고의 수학자예요

17세기 최고의 수학자는 누구일까요? 그가 페르마라는데 생각을 달리하는 수학자는 없어요. 그런데 뜻밖인 것은 페르마의 직업이 법률가였다는 사실이에요. 페르마는 법 관련 업무를 끝내고 난 후 한가한 시간에만 수학을 즐겼어요. 즉, 페르마는 수학을 전문적으로 파고든 전문 수학자가 아니라, 시간이 날 때마다 여유롭게 수학을 즐긴 아마추어 수학자였던 셈이에요.

그런 그가 수학사에 공헌한 바는 빛나고도 빛나죠. 방정식의 이론을 발전시켰고 포물선과 타원, 쌍곡선 같은 평면 곡선과 원뿔과 같은 입체 곡선을 연구했고, 곡선으로 이루어진 도형의 면적을 구하는 방법과 극대와 극소, 접선을 찾는 방법을 알아냈고, 정수를 연구해 현대 정수론의 기틀을 마련했으며, 파스칼과 함께 현대 확률론의 틀을 세우는 대단한 업적을 남겼어요. 이런 엄청난 업적 중에서도 특히나 그의 이름을 빛나게 한 것은 자신의 이름을 딴 페르마의 마지막 정리라는 수수께끼예요.

페르마는 고대 그리스의 수학자 디오판토스(기원전 246년~330년?)가 쓴 책을 즐겨 읽었어요. 하루는 디오판토스의 《산수론》이란 책을 읽다가 글자가 인쇄되지 않은 귀퉁이에 이렇게 적어 놓았어요.

> 내가 아주 중요한 정리를 발견했고 이를 증명했습니다. 그러나 이 책의 여백이 너무 좁아서 이곳에다 정리의 증명을 적어 놓을 수는 없습니다. 그래서 결과만 이렇게 간단히 써 놓습니다.

이러한 사실은 페르마가 죽은 후에 그의 아들이 아버지의 업적을 모아 책으로 펴내면서 세상에 알려졌어요. 사람들은 이 정리를 페르마의 마지막 정리라고 불렀어요.

내로라하는 수학자들이 페르마의 마지막 정리 증명에 의욕적으로 도전했어요. 그들은 그다지 어렵지 않게 증명에 성공할 수 있을 것으로 보았어요. 그러나 결과는 정반대였어요. 페르마의 마지막 정리에

도전한 사람들은 예외 없이 고배를 마셨어요.

그렇게 200여 년이 훌쩍 지난 20세기 초, 독일의 수학자 볼프스켈(1856년~1906년)은 이렇게 유언했어요.

"페르마의 마지막 정리를 증명한 사람에게 상금 100,000마르크를 주세요."

당시의 100,000마르크는 오늘 우리 돈으로 1,900,000,000원 그러니까 19억 원 정도쯤 되는 아주 큰 돈이라고 해요.

독일 수학 협회는 볼프스켈의 유언에 따라 볼프스켈 상을 제정했어요. 그러나 20세기 말이 가까워오는데도 페르마의 마지막 정리를 증명한 수학자는 나타나지 않고 있었어요. 그러자 사람들은 이렇게까지 생각하기에 이르렀어요.

"페르마의 마지막 정리가 잘못된 건 아닐까?"

"페르마가 거짓으로 증명했다고 한 것은 아닐까?"

"페르마 자신도 증명을 못 한 것은 아닐까?"

그러나 이런 우려는 그야말로 쓸데없는 것이었어요. 1993년 프린스턴대학의 앤드류 와일즈(1953년~) 교수가 페르마의 마지막 정리를 증명했다고 논문을 발표했거든요. 발표한 논문은 무려 200쪽이 넘었어요. 그러나 상세히 검토한 결과 논문의 한 부분에서 틀린 내용이 발견됐어요. 와일즈 교수는 이를 수정하고 1994년 다시 완벽한 증명을

선보였어요. 이것은 틀리지 않은 것으로 밝혀졌지요.

앤드류 와일즈 교수는 어린 시절 도서관에서 수학책을 읽다가 페르마의 마지막 정리를 처음으로 접했어요. 그 순간 이 정리를 증명하는데 일생을 바치기로 맹세했어요. 그리고 수학 교수가 되어 마침내 그 꿈을 이룬 거예요.

수학에서 최고의 상은 **필즈 상**이에요. 필즈 상은 수학의 노벨상이나 마찬가지예요. 이런 훌륭한 업적을 이루었으니, 와일즈 교수가 필즈 상을 받아야 하는 것은 마땅하지요. 그러나 그는 필즈 상을 수상하지 못했어요. 이유는 필즈 상의 특별한 조항, 40살을 넘으면 상을 받을 수 없다는 조항 때문이었어요. 앤드류 와일즈 교수는 대신 1997

년에 볼프스켈 상을 수상했어요.

    참, 페르마는 파스칼과는 달리, 요절하지 않고 오랫동안 살면서 수학 발전에 큰 공헌을 했어요.

모 아니면 도

경우의 수와 확률

오픈 북(open book) 시험을 아세요?

제가 대학에 다닐 때였어요. 저는 물리학을 전공했는데, 3학년 1학기 때 수학과에 가서 확률론을 수강한 적이 있어요. 고등학교 수학 시간에 확률을 배우긴 했는데, 그 단원이 늘 교과서 끄트머리에 있어서 자세히 배우지 못하고 넘어간 게 아쉬웠어요. 그래서 제대로 한번 배워 보고 싶었거든요.

수학과에서 확률론을 수강한 한 학기 동안에 시험을 세 번 정도 본 것 같은데, 한 번은 교수님이 오픈 북 시험을 치르겠다고 하셨어요.

오픈 북 시험은 책을 들고 들어가서 보는 시험이에요. 그것도 한 권만 들고 들어가는 게 아니라, 갖고 들어갈 수 있는 책은 모두 다 갖고 들어가도 괜찮은 시험이에요. 물론, 시험 시간 중에 책을 마음껏 펼쳐서 답을 찾아 보아도 되는 시험이지요.

여러분은 지금쯤 '아니, 무슨 그런 시험이 다 있어요?', '그건 시험도 아니네요.' '누구나 다 100점 맞는 시험이잖아요.'라고 생각할 거예요.

과연 그럴까요? 저도 처음에는 '이건 누워서 떡 먹기 시험이네.', '식은 죽 먹기 시험이네.'라고 생각했어요. 그래서 시험공부는커녕 가져갈 책만 잔뜩 골라 놓고 '유유자적(悠悠自適)'하고 있었지요. 그런데 곰곰 생각해 보니 그게 그렇지 않을 것 같더라고요.

잘 생각해 보세요. 시험공부도 안 하고 누구나 다 100점 맞을 수 있는 시험을 굳이 왜 보겠어요? 사실 저는 이런 생각까지 들었는데도 '모 아니면 도'란 심정으로 시험공부를 대충대충 해 버렸어요.

아니나 다를까, 시험지를 받아 보았더니 문제가 너무 어려운 거예요. 저는 다급한 마음에 이 책 저 책을 마구 뒤져 보았지만, 똑같은 문제는 고사하고 비슷한 문제도 보이지 않았어요. 이랬으니 제가 시험을 어떻게 치렀을지는 굳이 말하지 않아도 알겠죠?

'모 아니면 도'란 속담에서 모는 대박, 도는 쪽박을 의미해요. 그러니까 '모 아니면 도'란 대박 아니면 쪽박을 기대한다는 뜻이라 할 수 있어요. 이를 제 경우에 비유하면 갖고 들어간 책에서 시험 문제가 나오면 대박, 100점을 맞을 거고 그렇지 않으면 쪽박, 0점을 맞는다고 할 수 있겠죠.

 윷놀이의 경우의 수는요

모와 도하면 생각나는 놀이가 있죠? 그래요, 윷놀이에요. 윷놀이의 역사는 굉장히 오래되었어요. 우리 민족이 삼국 시대 이전부터 즐긴 놀이로 알려져 있지요.

윷놀이는 윷가락 4개를 던져서 나온 모양에 따라, 말을 움직이면서 전진하는 게임이에요. 윷가락 4개 중에서 한 개가 젖혀지고 세 개가 엎어지면 도, 두 개가 젖혀지고 두 개가 엎어지면 개, 세 개가 젖혀지고 한 개가 엎어지면 걸, 네 개가 모두 젖혀지면 윷, 네 개가 모두 엎어지면 모가 되지요. 도, 개, 걸, 윷, 모는 동물을 상징해요. 도는 돼지, 개는 개, 걸은 양, 윷은 소, 모는 말을 뜻하죠.

윷가락 4개를 던져서 나올 수 있는 총 가짓수는 16가지예요. 확률에서는 나올 수 있는 총 가짓수를 경우의 수라고 불러요. 그러니까 윷가락 4개를 던져서 나올 수 있는 경우의 수는 16가지가 되는 셈이에요. 이 중 도가 나오는 경우의 수는 4가지, 개는 6가지, 걸은 4가지,

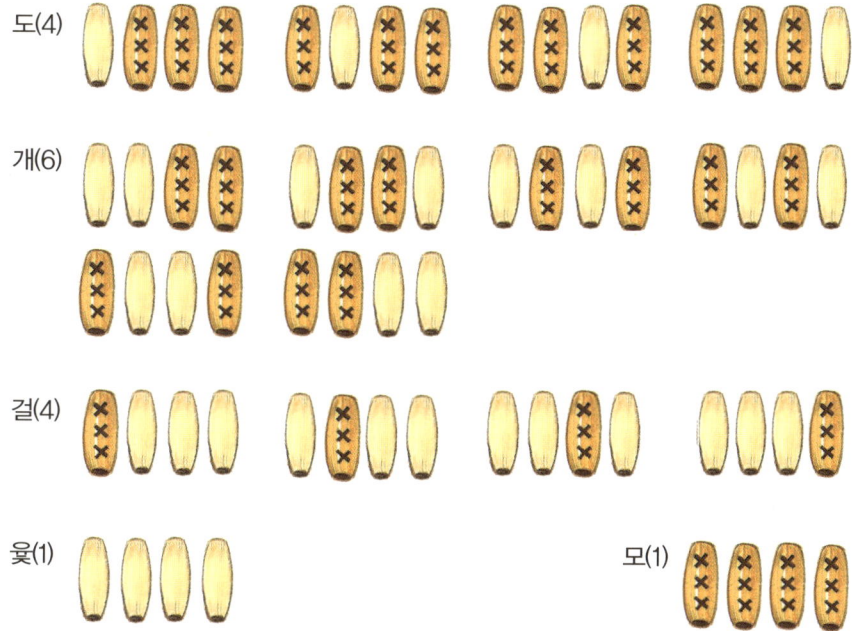

윷은 1가지, 모도 1가지가 되죠.

 윷놀이의 확률은요

 경우의 수를 알았으면, 이제 확률의 정의를 배울 때가 되었어요. 왜냐하면 확률은 경우의 수로 표시할 수 있기 때문이에요.

확률은 '각각의 경우의 수'를 '전체 경우의 수'로 나누면 돼요. 즉, 확률을 이렇게 정의하죠.

$$\text{확률} = \frac{\text{각각의 경우의 수}}{\text{전체 경우의 수}}$$

이를 수학적으로 좀 더 멋지게 표현하면, 이렇게 고칠 수 있어요.

$$\text{확률} = \frac{\text{어떤 사건이 일어나는 경우의 수}}{\text{전체 사건이 일어나는 경우의 수}}$$

그럼 이제 윷놀이의 도, 개, 걸, 윷, 모가 나오는 확률을 구해 보도록 해요. 윷가락을 던져서 나오는 경우의 수는 총 16가지예요. 그리고 도, 개, 걸, 윷, 모가 나오는 각각의 경우의 수는 4가지, 6가지, 4가지, 1가지, 1가지고요. 따라서 도, 개, 걸, 윷, 모가 나올 확률은 이렇게 되죠.

- 도가 나올 확률 = $\dfrac{\text{도가 나오는 경우의 수}}{\text{전체 경우의 수}}$ = $\dfrac{4}{16}$ = $\dfrac{1}{4}$

- 개가 나올 확률 = $\dfrac{\text{개가 나오는 경우의 수}}{\text{전체 경우의 수}}$ = $\dfrac{6}{16}$ = $\dfrac{3}{8}$

- 걸이 나올 확률 = $\dfrac{\text{걸이 나오는 경우의 수}}{\text{전체 경우의 수}}$ = $\dfrac{4}{16}$ = $\dfrac{1}{4}$

- 윷이 나올 확률 = $\dfrac{\text{윷이 나오는 경우의 수}}{\text{전체 경우의 수}}$ = $\dfrac{1}{16}$

- 모가 나올 확률 = $\dfrac{\text{윷이 나오는 경우의 수}}{\text{전체 경우의 수}}$ = $\dfrac{1}{16}$

여기서 보면, 개가 나올 확률이 가장 높고, 윷과 모가 나올 확률이 가장 낮아요. 이는 윷가락을 던졌을 때, 개가 가장 빈번하게 나오고 윷과 모가 가장 뜸하게 나온다는 뜻이에요. 도와 걸이 나올 확률은 $\dfrac{4}{16}$로 똑같은데, 이는 윷가락을 던졌을 때 도와 걸이 비슷하게 나온다는 의미지요. 마찬가지로 윷과 모가 나올 확률도 $\dfrac{1}{16}$로 똑같은데, 윷과 모도 비슷하게 나온다는 뜻이에요.

중요한 게 하나 더 있어요. 각각의 확률을 다 더하면 반드시 1이 되어야 해요. 그러니까 확률의 총합은 반드시 1이 되어야 하는 거예요. 이는 절대로 변할 수 없는 확률론의 원칙이에요. 이는 우리가 확률 계산을 올바르게 했는지 아닌지를 확인하는 데도 유용해요.

자, 그럼 도와 개와 걸과 윷과 모가 나올 확률을 모두 더해 볼까요. 만약 1이 된다면 우리가 답을 옳게 구한 거지만, 그렇지 않으면 계산을 잘못한 거겠죠.

> 도가 나올 확률 + 개가 나올 확률 + 걸이 나올 확률 +
> 윷이 나올 확률 + 모가 나올 확률
> $= \frac{4}{16} + \frac{6}{16} + \frac{4}{16} + \frac{1}{16} + \frac{1}{16} = \frac{16}{16} = 1$

각각의 확률을 다 더했더니 합이 1이 나왔네요. 우리가 계산을 올바르게 했네요.

🪐 아무 모양이나 주사위가 될 수 있나요

경우의 수를 이야기할 때, 윷놀이보다 더 자주 등장하는 것이 주사위 놀이예요. 주사위 놀이는 주사위를 던지고 나온 수에 따라 이기고 집을 겨뤄요. 주사위 놀이를 공정하게 하기 위해서는 주사위를 던질 때마다 나오는 각 면의 크기가 같아야 해요. 그렇지 않고 예를 들어, 1이 표시된 면은 넓고 6이 표시된 면은 좁으면, 6보다 1이 나올 가능성이 더 커질 거예요. 이런 주사위로는 결코 공정한 게임을 할 수 없어요.

우리가 흔히 보는 주사위는 어떻게 생겼죠? 그래요, 크기가 똑같은 정사각형 6개로 이루어져 있고, 거기에 1부터 6까지 숫자가 표시돼 있어요. 정사각형 6개로 만들어진 이런 입체 도형을 정육면체라고 불러요.

정육면체는 입체 도형 중에서도 정다면체에 속해요. 정다면체는 각각의 면이 정삼각형, 정사각형, 정오각형처럼 변의 길이가 모두 똑같은 도형으로 이루어진 입체예요. 그렇다면 이런 생각이 들 거예요. '정삼각형이나 정오각형으로 구성된 정다면체도 있지 않을까?' 그래요, 왜 없겠어요. 정삼각형이나 정오각형으로 이루어진 정다면체도 있어요. 정삼각형 4개로 이루어진 입체는 정사면체, 정삼각형 8개로 이루어진 입체는 정팔면체, 정삼각형 20개로 이루어진 입체는 정이십면체, 정오각형 12개로 이루어진 입체는 정십이면체예요.

정육면체 : 불   정육면체 : 땅   정팔면체 : 공기

그렇다면 정다면체는 몇 개나 될까요? 정사면체, 정육면체, 정팔면체, 정이십면체, 정십이면체……. 이런 식으로 나가니까 더 있을 것 같다고 생각하기 쉬울 거예요. 그런데 그게 그렇지 않아요. 정다면체는 위에서 말한 5개(정사면체, 정육면체, 정팔면체, 정이십면체, 정십이면체)가 전부예요. 이것은 이미 이천 년 전에 고대 그리스 학자들이 증명했어요.

이 다섯 개의 정다면체를 플라톤 입체, 또는 플라톤 도형이라

정이십면체 : 물   정십이면체 : 우주

고 불러요.

　플라톤(기원전 427년~347년)은 고대 그리스의 대학자로, 소크라테스(기원전 470년~399년)의 제자이며, 아리스토텔레스(기원전 384년~322년)의 스승이지요.

　현대 과학자들은 우주를 구성하는 물질이 100개 이상이라는 것을 밝혔어요. 그러나 고대 그리스의 대다수 학자들은 우주를 구성하는 물질이 4개라고 보았어요. 불, 흙, 공기, 물이 그 구성 물질이지요.

플라톤은 정다면체와 이 기본 물질들이 밀접한 관계가 있다고 생각했어요. 그러고는 정사면체는 불, 정육면체는 땅, 정팔면체는 공기, 정이십면체는 물, 정십이면체는 우주와 연결시켰어요.

플라톤이 정십이면체를 우주와 연결시킨 이유는 정십이면체를 자르면 정사면체, 정육면체, 정팔면체, 정이십면체를 다 만들 수 있기 때문이에요.

주사위는 왜 정육면체일까요?

여러분이 잘 알고 있다시피, 오늘날 널리 사용하는 주사위는 정육면체 모양이에요. 그런데 주사위는 꼭 정육면체 모양으로만 만들어야 할까요? 많은 학생들은 그 모양에 익숙해져 주사위는 꼭 정육면체여야 한다고 생각할 수도 있을 거예요.

과연 그럴까요? 주사위 놀이에서 가장 중요한 게 무엇이죠? 그래요, 공정성이에요. 주사위를 던질 때마다 각각의 면이 나올 가능성(또는 확률)이 동등해야 하지요.

자, 그렇다면 생각해 보세요. 이런 조건에 어울리는 입체 도형이 꼭 정육면체 하나뿐일까요? 그렇지 않아요. 정다면체는 모두 다 예외 없이 이 조건을 만족시켜요. 정다면체는 각 면의 크기와 모양이 모두 똑같은 도형이기 때문이에요. 이는 정사면체와 정팔면체와 정이십면체와 정십이면체 모양으로 주사위를 만들어도 얼마든지 공정한 게임을 할 수 있단 얘기예요.

사실 옛 사람들이 처음부터 주사위를 정육면체 형태로 만들어서 사용한 건 아니었어요. 오늘날의 이라크 남부 지역에 우르(Ur)라고 하는 도시가 있었어요. 우르는 기원전 삼천 년경에 수메르 사람들이 지은 도시로 문명이 굉장히 발달했어요. 이곳의 왕과 귀족들은 '우르의 게임(The Royal Game of Ur)'이라고 하는 주사위 게임을 즐겼는데, 그들은 정육면체가 아닌 정사면체 주사위를 사용했어요. 고대 이집트에서는 기원전 삼천 년 무렵부터 정팔면체 주사위를 사용했고, 서양의 점술가들은 요즘도 정십이면체와 정이십면체를 즐겨 사용하고 있어요.

그런데도 오늘날 대부분의 주사위가 정육면체인 까닭은 다음과 같은 이유 때문이에요. 우선 정육면체는 다른 정다면체에 비해 만들기가 쉬워요. 그리고 주사위 각각의 면에 수를 적거나 표시할 때, 정사면체는 1부터 4까지, 정육면체는 6까지, 정팔면체는 8까지, 정십이면체는 12까지, 정이십면체는 20까지의 수를 이용해야 해요. 이 중에서 6이라는 수는 그다지 크지도 작지도 않은 수예요. 이것이 주

사위의 모양을 정육면체로 택한 또 하나의 이유예요. 뿐만 아니라 주사위가 구를 때 정육면체는 다른 정다면체에 비해 지나치게 많이 구르지도, 덜 구르지도 않는 특징이 있어요. 이것 역시 정육면체를 택한 이유예요. 그리고 정육면체 모양의 주사위는 주사위가 바닥에 떨어졌을 때, 다른 플라톤 입체에 비해 나온 숫자를 판별하기 쉬운 이점도 있어요.

주사위의 확률은요

자, 그럼 주사위의 확률을 계산해 보도록 할까요? '우물에 가 숭늉 찾는다' 편에서 코시모 대공이 갈릴레이에게 해결해 달라고 한 주사위 문제를 살펴보죠. 주사위를 세 번 던져서 나온 눈의 합이 9와 10이 나오는 경우는 25가지와 27가지였어요.

그럼 확률은 어떻게 구하죠? 그래요, 어떤 사건이 일어난 경우의 수를 전체 사건이 일어난 경우의 수로 나누어요.

여기서 어떤 사건이 일어난 경우의 수는 주사위 눈의 합이 9와 10이 나오는 경우로, 이 값은 25가지와 27가지예요. 따라서 남은 것은 전체 사건이 일어난 경우의 수인데, 이는 주사위를 세 번 던질 때 나올 수 있는 모든 가짓수예요. 가짓수는 총 216가지로, 이 장의 끝에 실어 놓았어요.

주사위 눈의 합이 9와 10이 나올 확률은 아래와 같아요.

- 주사위 눈의 합이 9가 나올 확률 =
$$\frac{\text{주사위 눈의 합이 9가 나오는 경우의 수}}{\text{주사위를 세 번 던질 때 나오는 모든 가짓수}} = \frac{25}{216}$$

- 주사위 눈의 합이 10이 나올 확률 =
$$\frac{\text{주사위 눈의 합이 10이 나오는 경우의 수}}{\text{주사위를 세 번 던질 때 나오는 모든 가짓수}} = \frac{27}{216}$$

$\frac{25}{216}$와 $\frac{27}{216}$ 중 어느 수가 더 크죠? 맞아요, $\frac{27}{216}$이에요. 더 크다는 건 확률이 더 높다는 뜻이죠.

이처럼 주사위 눈의 합이 10이 나올 확률이 9가 나올 확률보다 큰 까닭을 확률 계산으로 알 수 있어요.

주사위는 던져졌다!

주사위 하면 떠오르는 유명한 말이 있죠? 바로 "주사위는 던져졌다!"예요.

이 말은 고대 로마의 황제 카이사르(기원전 100년~44년)가 루비콘 강을 건너 로마로 진격하기 직전에 한 말이에요.

카이사르는 국민의 두터운 신망을 받는, 지혜와 용기를 두루 갖춘 장군이었어요. 그런데다 갈리아 지역(오늘날의 북부 이탈리아, 프랑스, 벨기에, 스위스 서부와 라인 강 서쪽의 독일을 포함하는 드넓은 지역)을 7년 만에 정복하는 놀라운 공적을 세웠어요. 그러자 그를 향한 국민의 신망은 더더욱 높아졌어요.

하지만 로마의 귀족 정치인들은 카이사르를 경계했어요. 국민의 전폭적인 지지를 받는 카이사르가 로마 제국의 황제가 돼 자신들의 권력을 빼앗을지 모른다는 불안감이 그들을 옥죈 거예요. 그래서 로마의 귀족 정치인들은 폼페이우스(기원전 106년~48년) 장군을 자기네 편으로 끌어들였어요. 폼페이우스는 카이사르와 로마 제국을 실질적으로 이끈 인물이었어요. 폼페이우스를 얻은 로마의 귀족 정치인들은 기세등등하여 카이사르에게 말했어요. 갈리아 지역의 통치권을 반납하고, 로마로 와서 그들 앞에 무릎을 꿇으라고요. 그러나 카이사르는 그들의 뜻에 따르지 않기로 결심했어요. 그러고는 그와 함께 7년 동안 갈리아 지역을 용맹스럽게 정벌한 정예 부대 앞에 서서 말했어요.

"로마의 귀족 정치인들이 폼페이우스까지 끌어들이면서 나 카이사르를 제거하려 하고 있다. 나 카이사르는 그들의 비열함에 당당히 맞서고자 한다. 용맹스런 나의 군사들이여 나를 따르겠는가!"

카이사르의 비장한 연설이 끝나자 병사들이 외쳤어요.

"총사령관님의 명예를 지키기 위해서라면 어디든지 따라갈 준비가 돼 있습니다."

"고맙다. 그대들이 이처럼 나를 믿고 따라 준다면, 나는 로마로 가서 그들의 음모를 쳐부술 것이다."

카이사르의 결의에 군인들이 우렁차게 외쳤어요.

"총사령관님 만세! 카이사르 만세!"

카이사르는 한밤중에 병사들을 데리고 출발했어요. 그리고 이튿날

아침 7시~8시 즈음 루비콘 강에 도착했어요. 루비콘 강은 로마와 그 외의 지역을 나누는 경계선이나 마찬가지였어요. 로마 정치인들의 허락을 받지 않고 군대를 이끌고 루비콘 강을 건너는 것은 반역이나 다름없었지요.

　카이사르는 루비콘 강 앞에 서서 한동안 흐르는 강물을 말없이 바라보았어요. 카이사르가 뒤로 돌아 병사들을 바라보고는 가까이 있는 참모들에게 말했어요.

　"이미 엎질러진 물이다. 이 강을 건너면 로마인들끼리의 피비린내 나는 싸움이 벌어질 것이고, 건너지 않으면 내가 몰락하고 말 것이다."

　그러고는 병사들을 향해 외쳤어요.

"나아가자. 나의 용맹스런 군사들이여. 우리의 명예를 더럽힌 적들이 기다리고 있는 곳으로. 주사위는 던져졌다!"

이 날이 기원전 49년 1월 12일이었어요.

자, 여러분 카이사르가 "주사위는 던져졌다!"고 외친 것은, 결국 어떻게 하겠다는 뜻이겠어요? 갈리아 지역으로 다시 돌아가겠다는 뜻일까요? 아니죠, 그렇지 않아요. 되돌아가지 않겠다는 뜻이에요. 이처럼 돌아설 수 없는 길에 들어섰을 때, 또는 되돌릴 수 없는 상황에 이르렀을 때 '주사위는 던져졌다.'라는 말을 써요.

아, 그리고 전쟁의 승패가 어떻게 됐는지 궁금할 거예요. 전쟁은 카이사르가 이겼어요. 카이사르를 배신한 폼페이우스는 이집트로 도망갔지만 암살자의 칼에 찔려 죽었어요. 폼페이우스를 쫓아 이집트에 도착한 카이사르는 세기의 미녀 클레오파트라(기원전 69년~30년)를 만나 사랑에 빠졌고요.

 ## 신라에도 주사위가 있었대요

우리나라는 언제부터 주사위 놀이를 했을까요? 지금까지 알려진 바에 따르면, 삼국 시대까지 거슬러 올라가요.

《삼국사기》, 신라 30대 왕인 문무왕 편을 보면 다음과 같은 기록이 나와요.

> 문무왕 14년(서기 674년) 2월, 대궐 안에 못을 파고 산을 만들어 화초를 심고 진귀한 새와 짐승을 길렀다.

역사학자들은 이때 판 못(연못)을 경주에 있는 안압지라고 추정하고 있어요. 안압지는 남북 200여 미터, 동서 180여 미터의 사각형 모양이에요.

안압지는 한문으로 雁鴨池라고 써요. 마지막 글자는 알 듯한데, 처음 두 글자는 상당히 어렵죠? 안(雁)은 기러기 안으로 기러기를 뜻하고, 압(鴨)은 오리 압으로 오리를 뜻해요. 그리고 지(池)는 연못을 뜻하지요. 조선 시대의 학자들이 이곳에 머무르다 기러기와 오리가 노니는 것을 보고 안압지라고 이름 붙였다고 해요. 이는 조선 초기에 간행된 《동국여지승람》이라는 책에 기록돼 있어요. 안압지는 삼국 시대 때 신라에서 만들어졌지만 안압지라는 명칭은 조선 시대 사람들이 지어서 부른 이름이었지요. 그럼 신라에서는 뭐라고 불렀을까요? 신라인들은 이 연못을 월지(月池)라고 불렀는데, 이는 안압지에서 발굴된 유물에서 알 수가 있었어요.

안압지 내부의 본격적인 발굴은 1975년부터 시작했어요. 안압지의 물을 빼고, 그 속에 어떤 물건들이 들어 있나 살폈어요. 그랬더니 삼만 점에 이르는 다양한 유물이 나왔어요. 그 유물을 조사하던 중 연못의 원래 이름이 월지였음이 밝혀졌고요. 이때 발견된 유물들은 국립경주박물관 월지관에 전시돼 있어요.

안압지에서 발견된 유물 중에는 주사위도 있어요. 이 주사위는 참나무로 만들었고, 주사위 각각의 면에는 글씨가 적혀 있어요. 노래 없이 춤추기, 여러 사람 코 때리기, 잔 비우고 크게 웃기, 얼굴 간지럽혀도 참기, 시 한 수 읊기, 노래 한 곡 부르기 같은 것들 말이에요. 신라인들은 술 한잔 마시고 여흥을 즐길 때, 이 주사위를 사용하곤 했어요. 예를 들어, 주사위를 던져서 나온 면에 시 한 수 읊기라고 표시돼 있으면 벌칙을 받듯 시를 한 수 읊어야 했지요.

이 주사위는 나무로 만들어졌고(목제 木製), 술(주 酒)을 마시면서 명령(령 令)을 내릴 때 쓰는 기구(器具)란 의미로 목제주령구(木製酒令具)라고 불러요.

발견 당시 목제주령구는 연못 바닥의 진흙 속에 오랫동안 묻혀 있던 상태였어요. 그렇다 보니 상태가 좋을 리가 없었겠죠. 문화재 연구원들은 목제주령구에 묻은 흙을 조심스럽게 털어 내고, 사진을 찍고 크기를 쟀어요. 그리고 목제주령구에 밴 물기를 빼는 작업에 들어

갔어요. 목제주령구의 모양과 크기를 손상시키지 않고 물기를 빼는 가장 좋은 방법은 수분을 증발시키는 것이었어요. 그래서 연구원들은 자동으로 온도가 조절되는 오븐에 목제주령구를 넣었어요. 그리고 다음 날 오븐을 열었는데, 그 안에는 까맣게 타 버려 재가 된 목제주령구가 들어 있지 뭐예요. 실로 안타까운 일이었지요.

이런 사고가 일어난 이유는 오븐의 자동 온도 조절기가 고장 나서 온도 조절이 제대로 이루어지지 않았기 때문이었어요. 전기 과열로 목제주령구가 타 버린 것이지요. 현재 전시돼 있는 목제주령구는 실물 그대로 복원한 복제품이에요.

목제주령구는 정사각형 여섯 개와 육각형 여덟 개로 이루어진 십사면체 모양이에요. 십사면체는 플라톤 입체에 속하지 않지요. 즉, 신라인들이 사용한 주사위는 정다면체 모양의 주사위가 아니었던 거예요.

주사위 각각의 면은 동등한 확률로 나와야 한다고 했어요. 그래야 공정한 게임을 할 수 있으니까요. 그래서 정다면체 모양으로 주사위를 만들어야 하는데, 목제주령구는 플라톤 입체에 속하지 않으니 공정성에 문제가 있다고 봐야 하겠죠?

그런데 실제로 목제주령구를 던져 보았더니, 14개 각각의 면이 나올 확률이 $\frac{1}{14}$로 거의 비슷했다고 해요. 이런 사실은 〈민속 수학과 목제주령구의 확률 연구〉라는 논문에 실려 있어요. 관심 있는 사람은 이 논

문을 찾아 읽어 보아도 좋을 거예요.

목제주령구의 모양이 정다면체에 속하지 않는데도, 확률이 $\frac{1}{14}$과 비슷하게 나오는 이유는 목제주령구의 정사각형과 육각형의 넓이가 비슷하기 때문이에요. 그럼 목제주령구의 정사각형과 육각형의 넓이를 계산해 보도록 하죠. 정사각형과 육각형의 변의 길이는 다음 그림과 같아요.

정사각형의 넓이는 가로 곱하기 세로니까 구하는데 별 어려움이 없어요. 문제는 육각형이에요. 이를 구하는 방법은 여러 가지가 있을 수 있어요. 우리는 여기에서 육각형을 나누어 계산하는 방법을 사용해 보겠어요.

육각형의 아래쪽에 선을 그어 구분하면, 두 개의 사다리꼴이 생겨요. 우리는 이것을 사다리꼴(1)과 사다리꼴(2)라 부르겠어요. 육각형의 넓이는 사다리꼴(1)과 사다리꼴(2)의 넓이를 더한 것과 같아요. 육각형의 넓이를 구하는 방법은 다음과 같아요. 단위(cm)는 생략했어요.

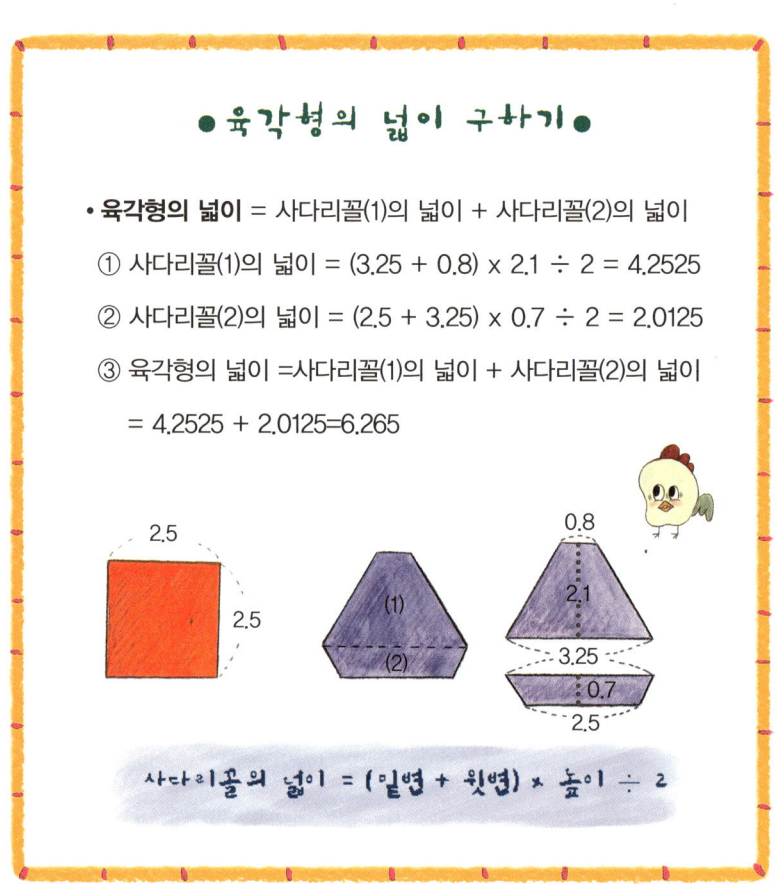

정사각형과 육각형의 넓이를 구하면, 정사각형은 6.25제곱센티미터, 육각형은 6.265제곱센티미터로 비슷해요. 모양은 정다면체가 아니었어도, 정사각형과 육각형의 면적을 유사하게 해서 각각의 면이 나올 확률이 비슷하도록 목제주령구를 제작한 신라인들의 수학적 감각이 놀라울 따름이에요.

●주사위 3개를 던질 때
나올 수 있는 총 가짓수: 216가지●

(1,1,1)	(1,1,2)	(1,1,3)	(1,1,4)	(1,1,5)	(1,1,6)
(1,2,1)	(1,2,2)	(1,2,3)	(1,2,4)	(1,2,5)	(1,2,6)
(1,3,1)	(1,3,2)	(1,3,3)	(1,3,4)	(1,3,5)	(1,3,6)
(1,4,1)	(1,4,2)	(1,4,3)	(1,4,4)	(1,4,5)	(1,4,6)
(1,5,1)	(1,5,2)	(1,5,3)	(1,5,4)	(1,5,5)	(1,5,6)
(1,6,1)	(1,6,2)	(1,6,3)	(1,6,4)	(1,6,5)	(1,6,6)
(2,1,1)	(2,1,2)	(2,1,3)	(2,1,4)	(2,1,5)	(2,1,6)
(2,2,1)	(2,2,2)	(2,2,3)	(2,2,4)	(2,2,5)	(2,2,6)
(2,3,1)	(2,3,2)	(2,3,3)	(2,3,4)	(2,3,5)	(2,3,6)
(2,4,1)	(2,4,2)	(2,4,3)	(2,4,4)	(2,4,5)	(2,4,6)
(2,5,1)	(2,5,2)	(2,5,3)	(2,5,4)	(2,5,5)	(2,5,6)
(2,6,1)	(2,6,2)	(2,6,3)	(2,6,4)	(2,6,5)	(2,6,6)
(3,1,1)	(3,1,2)	(3,1,3)	(3,1,4)	(3,1,5)	(3,1,6)
(3,2,1)	(3,2,2)	(3,2,3)	(3,2,4)	(3,2,5)	(3,2,6)
(3,3,1)	(3,3,2)	(3,3,3)	(3,3,4)	(3,3,5)	(3,3,6)
(3,4,1)	(3,4,2)	(3,4,3)	(3,4,4)	(3,4,5)	(3,4,6)
(3,5,1)	(3,5,2)	(3,5,3)	(3,5,4)	(3,5,5)	(3,5,6)
(3,6,1)	(3,6,2)	(3,6,3)	(3,6,4)	(3,6,5)	(3,6,6)

(4,1,1)	(4,1,2)	(4,1,3)	(4,1,4)	(4,1,5)	(4,1,6)
(4,2,1)	(4,2,2)	(4,2,3)	(4,2,4)	(4,2,5)	(4,2,6)
(4,3,1)	(4,3,2)	(4,3,3)	(4,3,4)	(4,3,5)	(4,3,6)
(4,4,1)	(4,4,2)	(4,4,3)	(4,4,4)	(4,4,5)	(4,4,6)
(4,5,1)	(4,5,2)	(4,5,3)	(4,5,4)	(4,5,5)	(4,5,6)
(4,6,1)	(4,6,2)	(4,6,3)	(4,6,4)	(4,6,5)	(4,6,6)
(5,1,1)	(5,1,2)	(5,1,3)	(5,1,4)	(5,1,5)	(5,1,6)
(5,2,1)	(5,2,2)	(5,2,3)	(5,2,4)	(5,2,5)	(5,2,6)
(5,3,1)	(5,3,2)	(5,3,3)	(5,3,4)	(5,3,5)	(5,3,6)
(5,4,1)	(5,4,2)	(5,4,3)	(5,4,4)	(5,4,5)	(5,4,6)
(5,5,1)	(5,5,2)	(5,5,3)	(5,5,4)	(5,5,5)	(5,5,6)
(5,6,1)	(5,6,2)	(5,6,3)	(5,6,4)	(5,6,5)	(5,6,6)
(6,1,1)	(6,1,2)	(6,1,3)	(6,1,4)	(6,1,5)	(6,1,6)
(6,2,1)	(6,2,2)	(6,2,3)	(6,2,4)	(6,2,5)	(6,2,6)
(6,3,1)	(6,3,2)	(6,3,3)	(6,3,4)	(6,3,5)	(6,3,6)
(6,4,1)	(6,4,2)	(6,4,3)	(6,4,4)	(6,4,5)	(6,4,6)
(6,5,1)	(6,5,2)	(6,5,3)	(6,5,4)	(6,5,5)	(6,5,6)
(6,6,1)	(6,6,2)	(6,6,3)	(6,6,4)	(6,6,5)	(6,6,6)

가는 날이 장날

확률과 우연의 일치

장날은 어떤 날일까요?

얼마 전에 있었던 일이에요. 먹을거리를 사려고 대형 마트에 갔는데, 이게 웬걸 쉬는 날이라고 문을 열지 않았더라고요. 한 달에 두 번 쉬는 날 중의 하루가 바로 그날이었던 거예요.

여러분도 이렇게 모처럼 마음먹고 나섰는데, 뜻하지 않게 헛수고를 하게 된 경험이 한두 번은 있을 거예요. 저도 가끔씩 이런 경우를 맞곤 하지요. 이럴 때 '가는 날이 장날'이라는 속담을 써요. 여기서 보면 '가는 날이 장날'이라는 속담은 긍정보다는 부정적인 의미로 쓰이고 있어요.

장날은 장이 서는 날로, 옛날 시골에선 축제나 다름없는 흥겹고

즐거운 날이었어요. 이런 날이 바로 장날이니까 '가는 날이 장날'은 부정보다는 긍정적인 의미로 쓰이는 게 더 자연스러울 거예요.

그런데 속담에서 보듯 그렇지가 않잖아요. 왜 그럴까요? 우리가 아는 장날은 좋은 날인데, 속담은 왜 부정적인 의미로 쓰이는 걸까요? 이건 이 속담의 유래를 알고 나면 해결돼요.

옛날 어느 마을에 어려서부터 친하게 지낸 두 남자가 있었어요. 그런데 한 친구가 사정이 생겨서 다른 지방으로 이사를 가게 되었고, 두 사람은 한동안 만나지 못했어요. 그러던 어느 날 타지방으로 간 사내가 옛 친구가 보고 싶은 마음에 고향을 찾기로 했어요.

그는 여러 날을 걷고 걸어서 마침내 친구 집에 도착했어요. 그는 들뜬 마음으로 친구의 이름을 부르며 대문을 열고 들어섰어요. 그 순간 눈앞에 펼쳐진 장면은 그를 '아연실색(啞然失色)'하게 만들었어요. 친구의 집 마당에선 장례가 치러지고 있었고, 그 주인공은 다름 아닌 그가 그토록 보고 싶어 한 친구였어요.

이 이야기에서 나온 속담이 바로 '가는 날이 장날'이에요. 그러니까 속담 속의 장날은 흥겨운 시장이 서는 날이 아니라, 장례를 치르는 서글픈 날인 거예요. 그래서 '가는 날이 장날'이라는 속담이 부정적인 의미로 쓰이는 거예요. 긍정적인 의미로 쓰이는 속담은 '가는 날이 생일'이 있어요.

 생일은 우연에 가까울까요?

흔히 어른들은 인생을 연극보다 더 연극 같다고 말하곤 해요. 일어나기 힘든 일들, 드라마에서나 나올 법한 일들이 자주 일어난다는 뜻이죠. 이런 예를 우리는 '가는 날이 장날'이라는 속담에서 엿볼 수 있었어요. 속담 속의 사내는 너무도 기가 막힌 상황을 마주하고야 말았으니까요. 이렇게 예상치 못하게 일어난 일을 우연이라고 해요. 우연을 국어사전에서 찾아보면 이렇게 설명하고 있어요.

　　우연: 뜻하지 않게 일어난 일

국어사전의 뜻풀이대로라면, 우연은 일어날 가능성이 매우 희박해야 해요. 확률이 매우 낮아야 한다는 말이에요. 그런데요, 모든 우연이 꼭 그런 것만은 아니에요.

우리가 생각하는 것보다 의외로 높은 확률로 일어나는 우연의 일치가 있어요. 그 대표적인 예가 생일이에요. 생일이 어떻게 우연의 일치냐고요? 여기 예를 들어 볼게요.

 ## 생일이 같을 확률은 얼마나 될까요?

새 학기가 되면 새로운 친구들이 많아지지요. 새롭게 짝이 된 친구가 이렇게 물어 올 수도 있어요.

"네 생일은 언제니?"

"11월 19일이야."

"뭐라고?"

"왜 그래?"

"내 생일이랑 똑같아서."

"그럼 네 생일도 11월 19일이란 말이야?"

"응!"

여러분, 이런 상황이 정말 어쩌다 한 번 일어날까 말까 한 일이라고 생각하나요? 모르긴 몰라도 많은 학생들이 그렇다고 믿고 있을

거예요. 하지만 대화 속 상황은 의외로 자주 일어나고 있어요.

그렇다면 생일이 같은 사람을 만날 확률은 얼마나 될까요? 이 답을 구하기 위해서 먼저 이런 질문을 한번 생각해 봐요.

'생일이 같은 친구가 있으려면, 몇 명이나 모여야 할까?'

언뜻 생각하기에도 꽤 많은 사람이 모여야 할 것 같아요. 왜냐하면 1년은 365일인데 태어난 달뿐만 아니라 일자까지 같아야 하니, 적어도 365명의 절반 이상은 있어야 할 것 같기 때문이에요.

그런데 묘하게도 그렇지가 않아요. 40명만 모여도 그중에 생일이 같은 사람이 있을 확률은 90퍼센트가 넘어요. 이는 확률 법칙으로 계산할 수 있어요. 다만 고등학교 수준의 수학 지식이 필요하기에 여러분은 풀기가 쉽지 않다는 것이 아쉽지요.

하지만 그렇다고 해서 실망하진 마세요. 여러분 스스로 직접 확인해 보면 되니까요. 같은 반 친구들의 생일을 일일이 물어보세요. 여러분 반의 총인원이 40명에 미치지 못하면 옆 반 친구들까지 포함하면 돼요. 사람이 많으면 많을수록 생일이 같은 친구가 나올 가능성은 그만큼 커지거든요. 확률 법칙으로 계산해 보면, 사람 수가 60명에

이르면 그중에 생일이 같은 사람은 반드시 있다고 나와요. 즉 확률 100퍼센트가 되는 거예요.

 ## 노벨 생리의학상 수상자 50명 중에는요

여러분에게만 해 보라고 하는 것은 무책임한 것 같기도 해서, 저도 노벨상 수상자들을 대상으로 그 실험을 한번 해 보려고 해요. 노벨 생리의학상 수상자 중에서 50명을 제 마음대로 뽑아 봤어요. 그러고는 이들을 생년월일이 빠른 순서대로 늘어놓았어요.

이름	생년월일
코흐	1843년 12월 11일
라브랑	1845년 6월 18일
파블로프	1849년 9월 24일
라몬 이 카얄	1852년 5월 1일
에를리히	1854년 3월 14일
셰링턴	1857년 11월 27일
홉킨스	1861년 6월 20일
모르간	1866년 9월 25일
란트슈타이너	1868년 6월 14일
슈페반	1869년 6월 27일
데일	1875년 6월 9일
플레밍	1881년 8월 6일
마이어호프	1884년 4월 12일
도마크	1885년 10월 30일
힐	1886년 9월 26일
멀러	1890년 12월 21일
밴팅	1891년 11월 14일
코리	1896년 12월 5일
플로리	1898년 9월 24일
밀러	1899년 1월 12일
타일러	1899년 1월 30일
버넷	1899년 2월 3일
베케시	1899년 6월 3일
크랩스	1900년 8월 25일

비들	1903년 10월 22일
로렌츠	1903년 11월 7일
오초아	1905년 9월 24일
월드	1906년 11월 18일
틴베르겐	1907년 4월 15일
테이텀	1909년 12월 14일
모노	1910년 2월 9일
카츠	1911년 3월 26일
블록	1912년 1월 21일
서덜랜드	1915년 11월 19일
크릭	1916년 6월 8일
윌킨스	1916년 12월 15일
데듀브	1917년 10월 2일
포터	1917년 10월 8일
헉슬리	1917년 11월 22일
자코브	1920년 2월 12일
코라나	1922년 1월 9일
홀리	1922년 1월 28일
길먼	1924년 1월 11일
레더버그	1925년 5월 23일
니렌버그	1927년 4월 10일
밀스테인	1927년 10월 8일
왓슨	1928년 4월 6일
네이선스	1928년 10월 30일
스미스	1931년 8월 23일
테민	1934년 12월 10일

자, 결과가 어떤가요? 생일이 같은 사람이 무려 세 쌍이나 나왔어요. 1849년생인 파블로프와 1905년생인 오초아는 9월 24일로 생일이 같고, 1885년생인 도마크와 1928년생인 네이선스는 10월 30일로 같고, 1917년생인 포터와 1927년생인 밀스테인은 10월 8일로 똑같아요. 신기한가요? 여러분도 친구들 생일을 빨리 한번 확인해 보세요.

링컨과 케네디는 우연의 일치가 많아요

미국 대통령 중에서 유명한 사람 둘을 꼽으라고 하면, 여러분은 누구와 누굴 꼽겠어요? 아마 많은 학생들이 링컨과 케네디 대통령을 꼽는데 주저하지 않을 거라고 봐요.

에이브러햄 링컨(1809년~1865년)은 미국의 16대 대통령으로 노예 해방을 이루었고, '국민에 의한, 국민을 위한, 국민의 정부'라는 유명한 말을 남겼어요. 존 F. 케네디(1917년~1963년)는 미국의 35대 대통령으로 소련과 핵전쟁을 하지 말자는 약속을 했고, 인간을 달에 착륙시킨 아폴로 우주 계획에 지대한 공헌을 했어요.

그런데 이 두 사람 사이에는 위대한 업적을 이룬 것 말고도 굉장한 우연의 일치가 있는데요, 한번 알아볼까요.

	링컨	케네디
대통령 당선	1860년	1960년
사망 원인	암살	암살
암살자의 운명	재판을 받기 전 사살	재판을 받기 전 사살
암살자의 이동	극장으로 도망	극장으로 도망
암살일	금요일	금요일
피격 부위	뒷머리	뒷머리
암살 당시	부인이 옆에 있었다.	부인이 옆에 있었다.
후임 대통령	1808년생	1908년생
	남부 출신의 존슨	남부 출신의 존슨

링컨과 케네디 대통령의 우연의 일치는 여기서 끝나지 않아요. 두 사람이 암살되기 직전에 경호원에게 건넨 말까지 비슷하죠.

링컨은 이렇게 말했어요.

"나를 암살하려는 자가 있을 것이다. 하지만 어쩔 수 없다."

케네디는 다음과 같이 말했어요.

"내 생명을 노리는 자가 있을 것이다. 마음에 걸리지만 달리 방도가 없다."

편지와 편지 봉투가 일치하려면요

우연의 일치가 빈번한 또 하나의 예를 살펴보겠어요.

여러분은 군대를 다녀오지 않아서 잘 모르겠지만, 군대 훈련소에 입소하면 부모님께 편지를 쓰는 시간이 있어요.

훈련소에 입소한 군인 1,000명이 부모님에게 감사의 편지를 썼어요. 이제 정성스럽게 쓴 편지를 자기 집 주소가 적힌 봉투에 넣어서 부치면, 편지가 집으로 갈 거예요. 그런데 군인들이 편지를 봉투에 넣지 않고 1,000개의 편지와 봉투를 모두 모아서 마구 뒤섞고 있다고 생각해 봐요. 어느 게 누가 쓴 편지인지, 어느 주소가 적힌 봉투인지 알 수 없게 말이에요. 그러고는 훈련소 대장이 눈을 감은 채 편지를 무작위로 집은 다음에 아무렇게나 고른 봉투에 넣어요. 이런 식으로 1,000개의 편지를 1,000개의 봉투에 넣었어요. 어느 봉투엔 주소가 맞는 편지가 들어갔을 테고, 또 그렇지 않은 경우도 있을 거예요.

자, 그럼 이제 질문해 볼게요. 훈련소 대장이 눈을 감고 1,000개의 편지 봉투 중에서 하나를 골랐어요. 이것이 주소와 맞는 편지가 담긴 편지 봉투일 확률은 얼마나 될까요?

아니 이렇게 물으면 너무 어려울 것 같으니 다시 질문할게요. 그 확률은 높을까요, 낮을까요?

대다수 학생들이 삼척동자도 아는 뻔한 답을 왜 굳이 묻느냐는 표정을 지으면서 이렇게 답하겠죠.

"그거야 당연히 확률이 낮죠. 낮아도 너무너무 낮을 거예요."

그래요. 십중팔구 그 편지 봉투 속에는 주소와 다른 편지가 들어 있을 거라고 생각할 거예요.

그런데 말이에요, 결과는 너무도 뜻밖이에요. 편지 봉투에 주소가 맞는 편지가 들어 있을 확률은 무려 60퍼센트를 넘어요. 정확히는 63.2퍼센트 가량이에요. 그러니까 훈련소 대장이 편지 봉투를 열 번 집으면, 여섯 번은 주소와 맞는 편지가 들어 있는 편지 봉투를 고른다는 뜻이에요. 정말 놀랍지 않나요?

그야말로 입이 딱 벌어지지 않을 수 없는 우연의 일치예요. 이것도 확률 법칙으로 충분히 계산할 수 있어요. 다만 이 또한 고등학교 수준 이상의 수학 지식이 필요하기 때문에, 여러분은 계산하기 쉽지 않다

는 게 아쉬울 따름이지요.

 우연의 일치란 흔치 않게 발생하는 사건이에요. 그러나 노벨 생리의학상 수상자들의 생일, 링컨과 케네디의 닮은 상황, 그리고 편지 봉투 고르기에서 보았듯이 우연의 일치는 우리가 생각하는 것보다 더 자주 일어나고 있어요.

마른하늘에 날벼락

통계학의 시작

횡단보도가 무서워요!

어느 화창한 날이었어요. 저는 횡단보도 앞에 서서 신호등이 바뀌길 기다리고 있었어요. 이내 신호가 빨간불에서 파란불로 바뀌었고, 저는 마음 푹 놓고 횡단보도를 한 걸음 한 걸음 내디뎠어요.

그런데 이게 어찌된 일인가요? 중앙선을 향해 뚜벅뚜벅 걷고 있는 내 앞으로 승용차가 불쑥, 아무렇지도 않다는 듯이 지나가는 거예요. 다른 차들은 횡단보도 앞에 가지런히 멈추어 서 있는데 말이에요.

저는 깜짝 놀라서 가던 걸음을 멈추지 않을 수 없었어요. 쿵쾅쿵쾅! 심장은 빠르게 뛰었고, 저는 손을 얹어서 뛰는 가슴을 애써 진정시켰어요. 그러고는 혹여 신호등을 잘못 보았나 싶어 고개를 돌려 다시 보았어요. 신호등은 분명 파란불이었어요. 승용차가 교통 신호를 무시하고 달린 거예요. 저는 하마터면 전혀 예상치 못한 큰 피해를 입을 뻔했지요. 천만다행히도 큰 피해를 입지는 않았지만 운이 없었다면 정말 끔찍한 사고를 당했을지도 모를 일이었어요.

우리는 이렇게 예기치 않은 뜻밖의 재난을 당했을 때 '마른하늘에 날벼락'이라는 속담을 써요. '마른하늘에 날벼락'이 떨어질 뻔한, 이 사건 이후로 저는 횡단보도를 건너는 게 매우 조심스러워졌어요. 어떻게 횡단보도를 건너느냐 하면요, 앞만 보며 건너지 않고 수시로 양 옆으로 고개를 돌리며 천천히 건너요. 물론, 파란불이 들어와도 차들이 횡단보도 앞에 멈추어 있지 않으면 절대 건너지 않아요.

그래서일 거예요. 천진난만한 유치원생들이 손을 번쩍 들고 앞만 보며 힘차게 횡단보도를 건너는 모습을 볼 때면 가슴이 철렁 내려앉곤 해요.

통계의 역사는 전염병과 관련 있어요

우리는 종종 신문이나 방송을 통해, '마른하늘에 날벼락' 맞는 경우를 듣곤 해요. 정류장에 서 있는데 갑자기 버스가 돌진해 사람을 쳤

다, 사람들이 식당에서 밥을 먹고 있는데 트럭이 들이밀고 들어와 인명 피해가 났다, 아파트 위층에서 떨어진 화분이 지나가는 사람의 머리를 때렸다, 골프를 치다가 벼락에 맞았다는 식의 기막힌 뉴스를요.

'마른하늘에 날벼락' 맞는 이런 상황들의 통계를 내어 보면, 요즘은 우리가 예상하는 것만큼 아주 적지만은 않으리란 생각이 들곤 해요.

인구가 아주 적으면 사건이나 사고가 많이 일어나지 않아요. 그래서 사건과 사고가 얼마나 발생했는지 알아보는 데 별 문제가 없어요. 사건과 사고를 하나하나 세어 보면 되니까요. 그런데 인구가 많아지면 그렇게 하기가 쉽지 않아요. 왜냐하면 인구가 늘어날수록 사건과 사고는 증가하고 다양해질 테니까요. 그러다 보면 사람들이 다른 일은 제쳐두고, 사건이나 사고를 세는 데에만 온 신경을 쏟아부어야 할지도 몰라요. 그래서 사람들은 고민했어요.

"사건이나 사고를 일일이 세지 않고 얼마나 일어날지 예측할 수 없을까?"

이런 고민 끝에 탄생한 학문이 통계학이에요. 통계의 역사는 사망자의 수를 세는 것에서 시작했는데, 이는 전염병과 관련이 깊어요. 요즘은 전염병이 그다지 심각한 질병이 아니지만, 치료약이 없던 시절에는 그렇지 않았어요. 독감, 결핵, 장티푸스, 이질, 홍역, 콜레라와 같은 전염병이 한번 돌았다 하면 한 마을이 쑥대밭이 되곤 했거든요.

하나의 예로 17세기의 영국의 상황을 살펴볼게요. 1665년 영국 런던에 페스트가 퍼졌어요. 페스트는 쥐의 털에 붙은 이가 옮기는 전염병으로, 우리말로는 흑사병이라고 불러요.

흑사병에 걸리면 심한 두통과 현기증에 시달리고, 팔다리가 떨리며, 겨드랑이와 사타구니가 부어오르고, 고열이 난 후에는 피부에 검은색 반점이 나타나면서 죽어요. 당시 흑사병에 걸린 사람들은 검은 반점이 보인 후 몇 시간이 채 안 돼서 죽었다고 해요.

흑사병은 돈이 많든 적든, 지위가 높든 낮든 가리지 않았어요. 어느 곳에선 흑사병으로 단 며칠 만에 마을 주민의 절반이 죽어 나갔다고 해요. 흑사병은 1665년 9월에 최고조에 이르렀는데, 런던에서만 일주일에 8,000명씩 사망했다고 해요.

흑사병을 피하는 최선의 방법은 하루빨리 흑사병이 퍼진 도시를 빠져나가는 것이었어요. 이때 도시를 빠져나가 시골로 피난한 사람 중에는 **만유인력의 법칙**을 발견한 위대한 물리학자 아이작 뉴턴(1642년~1727년)도 있었어요.

런던에 흑사병이 돌자, 뉴턴이 다니던 케임브리지대학도 급기야 학교 폐쇄령을 내렸어요. 뉴턴은 어머니가 계시는 고향집으로 내려갔어요. 그리고 그곳에서 2년여 동안 머물렀는데, 그 시기에 만유인력의 법칙 같은 위대한 법칙들을 생각해 냈어요. 우리에게 너무나도 잘 알려진 '사과나무에서 떨어진 사과를 보고 중력을 발견했다.'는 일화도 그때 생겨난 것이에요.

다시 돌아와서, 런던의 피해가 이토록 심각한데도 이를 치료할 수 있는 약이 없으니, 흑사병을 피할 최선의 방책은 전염병이 퍼지기 시작했다는 것을 가능한 일찍 아는 것이었어요. 그래야 하루라도 먼저 떠날 수 있을 테니까요. 그래서 런던에서 사용한 방법이 사망자의 수를 파악하는 것이었어요. 런던 시장은 사망자 수를 보고하라 지시했고, 시 관리들은 교회에서 치러지는 장례식 정보로 그 숫자를 파악해서 전염병이 돌기 시작했는지를 예측했어요. 예를 들어 어느 마을의 사망자 수가 일주일에 두세 명 정도였는데, 갑자기 몇 배로 늘었다면 그곳에 전염병이 돌고 있다고 의심해 볼 수 있는 것이지요.

그랜트가 통계학의 문을 열었어요

앞에서 우리는 갈릴레이와 망원경의 예를 살펴보았어요. 만약 갈릴레이가 망원경으로 하늘을 관찰하지 않았다면, 망원경이 멋진 발명품은 될 수 있었을지 모르지만 훌륭한 과학의 도구가 되지는 못했을 거예요. 갈릴레이 또한 우주의 비밀을 푼 훌륭한 과학자가 되지 못했을 테고요.

17세기 런던 시에서 수집하고 작성한 사망자 수 자료도 마찬가지예요. 이를 그냥 사망자 수를 적고 보고한 종이 쪼가리에 불과하다고 생각했다면, 더이상 통계학의 발전은 없었을 거예요. 그러나 이것으로부터 새로운 무엇을 찾아내려고 한 사람이 있다면 상황은 달라질 거예요. 이런 노력을 기울인 사람은 새로운 학문의 창시자가 될 테니까요.

영국의 존 그랜트(1620년~1674년)가 바로 그런 인물이에요. 그랜트는 단추나 실이나 바늘 같은 집에서 흔히 쓰는 상품들을 파는 상인이었어요. 그러나 가난한 상인이 아니라 성공한 부유한 상인이어서, 물건을 파는 것은 종업원들에게 맡기고 여유롭게 다른 일을 할 수가 있었어요. 그랜트가 런던의 사망자 표에 관심을 기울일 수 있었던 것도 그런 이유 때문이에요.

그랜트는 1665년에 사망한 사람들이 어떻게 죽었는지 구체적으로 살펴보았어요. 굶어 죽는 사람이 사형을 당해 죽은 사람보다 2배 정도 적은 22명~23명 남짓이었어요. 그리고 4,800여 명은 탈진, 2,600여 명은 기생충과 치과 질환, 68,500여 명은 흑사병으로 사망했어요.

여기서 보면 굶어 죽은 사람이 의외로 적어요. 요즘이야 먹을거리가 풍족한 세상이니까 굶어 죽는 사람의 비율이 낮은 것이 하등 이상할 게 없지만, 당시는 그렇지 않았어요. 그랜트는 이를 의아하게 여겼어요.

"런던은 거지들로 가득 차 있다. 그런데 굶어 죽는 사람이 왜 이렇게 적은 것일까?"

이유는 런던 시민들이 거지들에게 먹을 것을 주었기 때문이었어요. 그랜트는 이로부터 다음과 같은 결론을 이끌어 냈어요.

"영국 정부나 런던 시가 거지들에게 음식을 나눠 주면, 거리에 들끓고 있는 거지들이 줄 것입니다."

그랜트의 중요한 업적이 바로 이것이에요. 사망자 수 같은 통계 숫자를 꼼꼼히 뜯어보면, 거지가 들끓고 있는 것 같은 사회적인 문젯거리를 해결할 수 있으리라는 가능성을 보여 준 점 말이에요.

그랜트는 인구에 관심을 가졌어요

사망자 수에서 골칫거리 사회 현상을 풀어낼 수 있다는 것은 그랜트에게 크나큰 자신감을 불어넣어 주었어요. 그랜트는 인구, 특히 런던의 인구에 대해 더욱 깊이 있게 연구해 보기로 했어요.

교회에서는 장례를 치르는 사망자뿐만 아니라, 세례를 받는 아이의 수도 기록했어요. 그랜트는 이로부터 런던에서 아이가 한 해에 몇 명 정도 태어나는지 어림잡을 수 있었고, 이는 런던의 인구를 예측하는 것으로까지 이어졌어요.

그랜트가 어떻게 런던의 인구를 예측했는지 궁금하지 않나요?

여러분 가족이나 친구 가족이 몇 명인지 생각해 보세요. 제 조카네 가족은 넷이에요. 엄마 아빠와 민재, 민준 이렇게 넷이지요. 민재 친구 중에는 다섯인 가족도 있고, 민준이 친구 중에는 셋인 경우도 있어요. 하지만 제 조카네처럼 넷인 경우가 가장 흔해요.

이렇듯 한 가족이 대체로 몇 명 정도로 이루어져 있는지는 우리 주위의 가족을 둘러보면 쉽게 알 수 있어요.

한 가족의 대략적인 인원수를 알고, 도시에 사는 총가족의 수를 알면, 도시 전체의 인구를 예측할 수 있어요. 한 가족의 수에 도시에 사는 총가족의 수를 곱하면 도시 전체의 인구가 되니까요.

- **도시 전체의 인구** = (한 가족의 인원) × (도시 총가족의 수)

물론 도시에 사는 사람 중에는 자녀 없이 부부만 산다거나, 결혼하지 않고 남자나 여자 혼자 사는 경우도 있을 거예요. 하지만 이런 경우는 가족을 이루고 사는 많은 사람들에 비해서 적은 수예요. 특히 그랜트가 살던 시대의 영국은 이런 사람들이 아주 적었어요. 물론 조선 시대의 우리나라도 그랬고요. 그래서 도시 전체의 인구를 파악하는

데 혼자 살거나 자녀 없이 사는 부부는 무시해도 큰 문제가 없어요.

 ## 복잡하면 단순화시켜요

그랜트는 런던의 인구를 추정하는 데 홀로 살거나 자녀 없이 사는 사람을 과감하게 제외했어요. 이렇게 복잡해 보이는 문제를 해결할 때 큰 비중을 차지하지 않는 것을 빼 버리는 방법은 굉장히 유용해요.

지구 둘레를 측정하는 방법을 예로 들어 설명해 볼게요. 지구 표면은 울퉁불퉁해요. 이런 표면을 줄자를 이용해 쑥 들어간 곳과 툭 튀어나온 곳을 일일이 재서 전체 둘레를 측정한다고 생각해 보세요. 평생 동안 잰다고 해도 끝이 나지 않을 거예요.

어디 그뿐인가요. 설령 어떻게 해서 쟀다고 해도 그래요. 그것이 정확하다고 보기는 어려울 거예요. 왜냐하면 지구의 둘레를 재려면 바다 표면도 측정해야 하는데, 넘실넘실 춤추는 바닷물에 줄자를 매번 평평하게 해 놓고 잴 수는 없으니까요. 줄자가 흔들려서 꺾이거나 접히면 정확하게 쟀다고 볼 수 없잖아요.

이렇게 해서는 절대 정확한 측정을 할 수 없어요. 아니, 한 치의 오차 없이 지구 둘레를 완벽하게 측정하는 일은 애초부터 불가능한 것

일지도 몰라요.

그렇다면 어떻게 하는 게 최선일까요? 이렇게 해 봐요. 지구는 둥그니까, 원과 같다고 생각하는 거예요. 즉 울퉁불퉁한 표면 대신에 원처럼 매끄러운 표면을 선택하는 것이지요.

지구가 원과 같다면, 지구 둘레는 원의 둘레가 되죠. 이는 원 둘레 공식(원의 반지름 × 2 × 3.14)을 이용해서 간단히 구할 수 있어요. 물론 지구 둘레의 실제 길이와는 다소 차이가 있겠지만, 그 차이는 그리 크지 않아요. 한 치의 오차 없이 완벽하게 측정하겠다며 줄자를 들고 일일이 재는 것이, 오히려 이렇게 계산한 것보다 더 큰 오차를 생기게 할 수 있어요. 뿐만 아니라 줄자를 이용하면 시간도 엄청나게 오래 걸릴 테고요.

이렇듯 복잡다단한 문제를 쉬이 처리하기 위해, 비중이 낮은 요소를 제외하고 넘어가는 방법을 단순화한다고 해요. 이 단순화 방법을 얼마나 잘하느냐가 뛰어난 학자인지 아닌지를 판별하는 주요한 요인이에요. 단순화시킨다고 해서 아무거나 마구 생략해 버리면 안 되니까요. 무엇을 생략하고 무엇을 남겨 놓아야 할지 판단할 줄 아는 능력이 그 사람의 진짜 실력이고 능력이란 걸 잊지 마세요.

런던 인구는 왜 줄었을까요

그랜트는 런던의 인구를 예측하는 데 단순화 방법을 이용했어요. 아이가 없는 가정은 배제하고, 세례를 받은 아이의 수로 런던의 가족 수를 어림잡았어요. 이렇게 해서 그랜트가 계산한 런던의 총인구는 40만 명 남짓이었어요. 이는 이전까지 알려져 있던 런던 인구 200만 명과는 차이가 컸어요. 왜 이렇게 큰 차이가 난 걸까요?

아이가 없거나 홀로 사는 사람을 포함시키지 않았기 때문이라고 목소리를 높일 수도 있겠지요. 하지만 이걸로 다섯 배나 나는 차이를 설명하기는 어려워요. 그렇다면 어디에서 원인을 찾아야 할까요?

우선 흑사병을 떠올릴 수 있을 거예요. 흑사병이 런던 시민의 목숨을 무차별적으로 앗아갔다고 보는 거죠. 하지만 이 역시 완전한 답으로 보기는 어려워요. 왜냐하면 흑사병으로 많은 사람이 죽긴 했어도

160만 명에 이르는 사람이 죽진 않았기 때문이지요. 참고로, 우리는 앞에서 '흑사병은 1665년 9월에 최고조에 이르렀으며, 런던에서만 일주일에 8,000명씩 사망했고, 1665년에 총 68,500여 명이 흑사병으로 사망했다.'라는 사실을 배웠잖아요.

그랜트는 고민했어요.

"런던 인구를 이렇게나 많이 감소시킨 결정적인 원인은 무엇일까?"

답은 인구의 이동에 있었어요. 뉴턴이 흑사병을 피해 어머니가 계시는 시골 고향 집으로 내려간 것처럼, 대다수 런던 시민도 도시를 빠져나갔던 거예요. 이로부터 그랜트는 다음과 같은 사실을 밝혀냈어요.

"런던과 같은 거대 도시의 인구가 증가하고 감소하는 가장 큰 이유는 사람들이 도시로 들어오고 또 나가기 때문이다."

런던 인구가 빠르게 증가하고 감소하는 가장 큰 원인은, 런던 시민의 출산율 때문도 흑사병 때문도 아님을 밝힌 거예요.

그랜트는 런던의 인구 분석을 통해 다음과 같은 사실도 알아냈어요.

"흑사병과 같은 전염병이 퍼져서 감소한 도시의 인구수는, 2년 정도가 지나면 흑사병이 퍼지기 전의 인구수가 된다."

아무리 무시무시한 전염병이 돌아 인구가 많이 감소했다고 해도, 그 줄어든 인원이 충원되는 데는 2년이면 충분하다는 뜻이에요.

 최초로 생명표를 만들었어요.

그랜트는 세계 최초로 생명표를 만들었어요. 생명표는 사람들이 나이를 들어감에 따라 얼마나 많이 죽고 살아 있는지를 조사한 표예요.

같은 날 태어나도 어릴 때 죽는 사람이 있고, 나이가 들어서까지 오래오래 사는 사람이 있어요. 그랜트가 작성한 생명표가 이것을 잘 보여 주고 있어요.

1662년 런던의 생명표의 왼쪽은 나이, 오른쪽은 살아 있는 사람의 비율을 의미해요. 그러니까 왼쪽의 0은 0살, 즉 이제 막 태어난 신생아를 뜻하고, 오른쪽의 100은 100퍼센트 즉, 모든 아이가 다 살아 있다는 걸 뜻해요. 그 아래의 6은 6살을, 옆의 74는 74퍼센트를 의미하죠. 6살이 되면, 살아 있는 사람의 비율이 100퍼센트에서 74퍼센트로 줄어든다는 의미예요. 다시 말해, 6살 이전에 26퍼센트(100퍼센트-74퍼센트)의 사람이 죽는다는 뜻이에요. 6살이라면 아직 초등학교에 입학하지도 않은 나이인데, 벌써 이만큼의 아이들이 사망한다는 게 참으로 서글프네요.

다시 그 아이들이 16살이 되면 그중에서 40퍼센트만이 살아남아요. 이는 바꿔 말하면 16살이 되기 전에, 무려 60퍼센트(100퍼센트-40퍼센트)의 사람이 사망했다는 얘기예요. 오늘날로 치면 고등학생이

● 생명표 ●

나이	런던 1662년 생존자수
0	100
6	74
16	40
26	25
36	16
46	10
56	6
66	3
76	1
86	0
96	0

60넘게 살다니 큰 행복일세…

될 즈음에 이미 절반이 넘는 사람이 죽었다는 뜻이에요. 요즘 같으면 감히 상상도 할 수 없는 일이지요. 오늘날 우리가 현대 의학이나 깨끗한 생활 환경의 도움을 많이 받고 있다는 것을 여실히 알 수 있어요.

계속해서 26살까지 살아 있는 사람은 25퍼센트, 36살은 16퍼센트, 46살은 10퍼센트, 56살은 6퍼센트만이 생존해 있어요.

오늘날은 만 60살 생일을 기념하는 환갑잔치를 거의 하지 않아요.

요즘의 어른들은 60살은 청춘이라 여기며, 그때까지는 당연히 건강하게 사는 걸로 생각하거든요. 그런데 그랜트의 생명표를 보세요. 56살까지 산 사람이 고작 6퍼센트뿐이잖아요. 옛날에 환갑을 넘기기가 얼마나 어려운 일이었는지 쉬이 알 수 있어요. 이런 현상은 옛 시절의 우리나라도 마찬가지였어요. 그래서 태어난 지 60년이 된 그 날을 감사히 여겨 기쁘게 잔치를 벌여 축복한 것이에요.

 ## 통계학은 어느 쪽에나 속해요

그랜트의 연구를 보면 통계학이 수학에서 시작했는데, 결국에는 사회 현상을 설명하는 것으로 끝났어요. 이는 통계학이 자연 현상뿐만 아니라, 사회 현상도 설명해 준다는 것을 뜻해요.

그래서 우리나라 대학의 학과를 보면, 어느 대학은 통계학과가 우리가 흔히 이과라고 하는 자연 계열에 속해 있고, 어느 대학에는 문과라고 하는 인문 계열에 속해 있어요. 예를 들어, 통계학과가 서울대학교에서는 자연 계열에 속해 있고, 고려대학교와 연세대학교에서는 인문 계열에 속해 있어요.

통계학이 자연 계열에 속한 대학은 수학을 비롯해 자연 현상을 설명하는 쪽에 좀 더 집중해서 가르치고, 인문 계열에 속한 대학은 정치와 경제 같은 사회 현상을 좀 더 집중해서 가르친다는 뜻으로 받아들이면 되겠어요.

그랜트는 통계학의 창시자예요

그랜트의 인구 분석은 실로 놀라운 결과를 이끌어 냈어요. 그 이전까지는 누구도 사망자 수와 출생아 수가 사회적인 문제를 해결해 줄 수 있으리라고 상상하지 못했어요.

유럽의 여러 나라들은 그랜트의 놀라운 업적에 감동하여, 인구 분

석이 중요하다는 사실을 절실히 깨달았어요. 그래서 그 이전까지는 별 대수롭지 않게 보았던 사망자 표를 다른 눈으로 보게 되었고, 사망자 표를 열성적으로 작성하기 시작했어요. 프랑스는 1667년에 사망자 표를 작성하는 법률을 제정하기까지 했어요.

그랜트와 유럽 여러 나라들이 작성한 사망자 표는 생명 보험 회사가 탄생하는 밑거름이 되었어요. 생명 보험 회사는 이렇게 작성된 사망자 표를 보험료의 산정 기준으로 삼았지요.

통계의 새로운 문을 연 이런 혁혁한 업적을 쌓았기에, 사람들은 그랜트를 가리켜서 통계학의 아버지, 또는 통계학의 창시자라고 불러요.

작은 고추가 맵다

평균과 표준 편차

체력장이 뭔지 아세요?

우리나라 학생들의 교육을 담당하는 부서를 지금은 교육부라고 하지요. 제가 초등학교에 다닐 적에는 문교부라고 불렀어요.

문교부에서는 각 학교에 학생들의 체력을 높이기 위한 달리기, 윗몸일으키기, 턱걸이와 같은 운동을 평가하고 점수를 매기라는 지침을 내렸어요. 그래서 각 학교에서는 체력장이라는 것을 실시했어요. 예전에는 이 체력장 점수가 중요했어요. 왜냐하면 중학교와 고등학교, 대학교에 들어갈 때 이 점수를 반영했기 때문이에요.

체력장 종목 중에는 던지기가 있었는데, 던지는 물체가 조금 특이했어요. 요즘 같으면 야구공이나 테니스공을 던지겠지만, 제가 초등학교 다닐 적에는 수류탄을 던졌어요. 무시무시하죠? 하지만 놀랄 건 없어요. 진짜로 터지는 수류탄이 아니라, 진짜와 비슷하게 고무로 만든 가짜 수류탄이었거든요.

던지기라는 것이 원래 체격이 좋을수록 더 멀리 던지는 게 보통이잖아요. 저는 초등학교 다닐 때 늘 앞자리에 앉을 정도로 몸집이 자그마했어요. 그러니 사람들은 당연히 제가 수류탄을 멀리 못 던질 거라고 생각했지요. 그런데 막상 제가 고무 수류탄을 던지자, 아이들과 선생님의 눈이 깜짝 놀란 눈으로 바뀌었어요. 고무 수류탄이 예상보다 멀리 날아갔거든요.

그걸 본 선생님은 제 머리를 쓰다듬으며 그러셨죠.

"작은 고추가 맵군!"

여기서 작은 고추란 자그마한 나를 의미하고, 맵다는 말은 생각보다 던지기를 잘한다는 것을 의미해요.

이렇듯 '작은 고추가 맵다.'라는 속담은 몸집이 작은 사람이 큰 사람보다 재주가 뛰어나고 야무질 때 사용해요. 작은 것이라도 때에 따라서는 큰 것보다 더 잘할 수 있다는 뜻을 담고 있는 속담인 것이지요.

 청양 고추의 매운맛은 종 모양이에요

고추하면 떠오르는 맛이 무엇이죠? 그래요, 매운맛이에요. 고추가 매운 것은 고추 속에 들어 있는 캡사이신이라는 성분 때문이에요. 고추 속에 캡사이신이 많이 들어 있을수록 매운 고추가 되죠.

청양 고추와 풋고추의 크기를 비교해 보세요. 어느 쪽이 더 작은가요? 맞아요, 청양 고추가 작아요. 그런데도 맵기는 청양 고추가 훨씬 매워요. 청양 고추와 풋고추의 비교에서도 작은 고추가 맵다는 것이 입증되었어요.

하지만 이건 어디까지나 평균적으로 그렇다는 의미예요. 작은 고추라고 해서 반드시 큰 고추보다 맵다고 단언할 수는 없다는 얘기죠. 청양 고추 중에서도 어떤 것은 맵기는커녕 풋풋한 맛만 나기도 하고, 풋고추 중에서도 청양 고추 저리 가라 할 만큼 입안을 얼얼케 하는 매운 고추가 있어요.

이렇듯 청양 고추라 해도 고추 하나하나의 매운맛을 조사하면, 매운 정도가 약간씩 차이가 나요. 고추의 매운맛은 미국의 화학자 윌버 스코빌(1865년~1942년)이 고안한 스코빌 단위(SHU)를 이용해요. 스코빌 단위로 표현하면 청양 고추의 매운 맛은 4,000~10,000 스코빌 사이라고 해요.

여기서 우리가 눈여겨봐야 하는 것은 청양 고추의 매운맛이 정확히 얼마냐 하는 것이 아니에요. 청양 고추의 매운맛이 2,000, 3,000, 9,000처럼 하나의 숫자로 딱 떨어지지 않고, 4,000에서 10,000 스코빌 사이에 넓게 퍼져 있다는 사실이지요.

청양 고추의 매운맛을 그래프로 표시하면, 그 모양이 종 모양의 곡선이 돼요. 이런 곡선을 정규 분포 곡선이라고 해요. 또는 이것을 발견한 독일의 위대한 수학자 가우스(1777년~1855년)의 이름을 붙여서 가우스 분포 곡선이라고도 하죠.

종 모양 곡선은 평균을 알려 줘요

통계를 연구하는 데 종 모양 곡선, 즉 정규 분포 곡선은 매우 중요

해요. 이 곡선을 떼어놓고 통계학을 연구한다는 것은, 공기 없이 숨을 쉬겠다고 하는 것이나 마찬가지거든요.

자, 그럼 종 모양 곡선에 대해 설명해 볼게요. 청양 고추의 정규 분포 곡선을 보세요. 가로의 수평선은 청양 고추의 매운맛이고, 세로의 수직선은 청양 고추의 개수를 나타내요.

가로선의 왼쪽 끝은 4,000 언저리, 오른쪽 끝은 10,000 언저리에 있어요. 청양 고추 정규 분포 곡선의 4,000 언저리는 높이가 낮아요. 이것이 무엇을 뜻할까요? 세로선이 무엇을 말한다고 했죠? 그래요, 청양 고추의 개수라고 했어요. 따라서 높이가 낮다는 것은 청양 고추의 개수가 적다는 의미가 되죠. 즉, 매운맛이 4,000 정도인 청양 고추

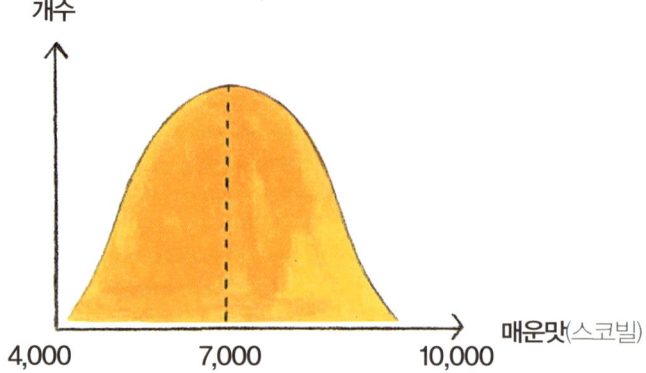

는 많지 않다는 뜻이에요.

　마찬가지로 청양 고추 정규 분포 곡선의 10,000 언저리도 높이가 낮아요. 이 역시 매운맛이 10,000 정도 되는 청양 고추는 많지 않다는 의미예요.

　반면, 청양 고추 종 모양 곡선의 가운데는 높이가 높아요. 매운맛이 대략 7,000(4,000과 10,000의 중간) 정도 되는 지점이에요. 이 수치가 청양 고추 매운맛의 평균값이라고 볼 수 있어요.

　평균값은 대표하는 값이에요. 청양 고추 종 모양 곡선의 7,000 언저리가 높은 것은 그 부근에 청양 고추가 가장 많이 분포해 있다는 뜻이에요. 가장 많으니 그 수치가 청양 고추의 매운맛을 대표한다고 할 수 있는 것이지요. 그래서 평균값은 대푯값이 되는 거예요.

종 모양 곡선은 표준 편차도 알려 줘요

　종 모양 곡선에는 평균 이외에 표준 편차도 나타나 있어요. 편차는 떨어져 있는 정도라고 보면 되요. 그러니까 표준(평균)에서 얼마나 떨어져 있는지를 보여 주는 정도가 표준 편차라고 보면 되겠어요.

　자, 그럼 청양 고추를 예로 들어서 표준 편차에 대해 설명할게요.

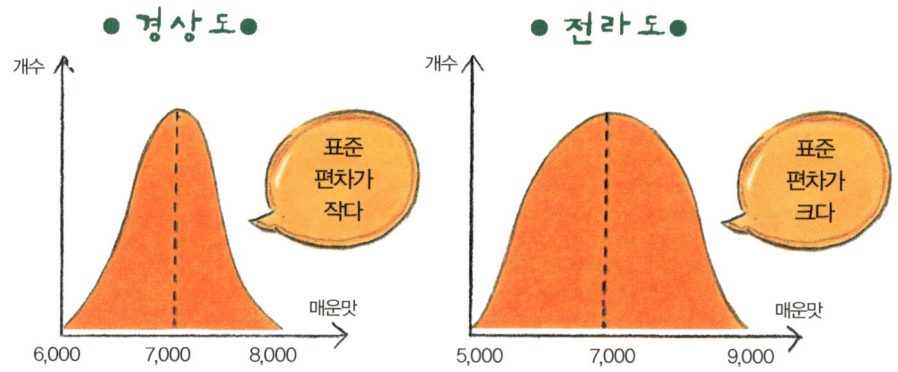

경상도의 한 마을에서 생산한 청양 고추의 매운맛은 6,000에서 8,000 스코빌 사이고, 전라도의 한 마을에서 생산한 청양 고추의 매운맛은 5,000에서 9,000 스코빌 사이라고 해 봐요. 이를 종 모양 곡선으로 표시하면 경상도의 종 모양 곡선은 폭이 좁고, 전라도의 종 모양 곡선은 폭이 넓은 곡선이 만들어져요.

종 모양 곡선의 폭이 좁으면 흩어짐이 크지 않고, 폭이 넓으면 흩어짐이 커요. 흩어짐이 크면 중심(평균)으로부터 편차가 심하고, 작으면 편차가 심하지 않아요. 따라서 청양 고추의 매운맛 표준 편차는 '경상도에서 생산한 것은 작고, 전라도에서 생산한 것은 크다.'라고 말할 수 있어요.

여러분들이 민감하게 반응하는 수학 성적으로 표준 편차를 다시 한 번 설명해 볼게요. 우리 반 1등의 수학 성적은 98점이고, 꼴등의 수학 성적은 85점이에요. 반면 옆 반 1등은 99점이고, 꼴등은 25점이에요. 1등과 꼴등의 수학 성적 편차가 우리 반은 별로 나지 않지만, 옆 반은 크게 나요. 따라서 수학 성적의 표준 편차는 우리 반은 작고, 옆 반은 크다고 할 수 있겠죠.

종 모양 곡선(정규 분포 곡선)에서 표준 편차는 옆으로 흩어진 정도로 표시돼요. 그래서 표준 편차가 큰 종 모양 곡선은 완만하고, 표준 편차가 작은 종 모양 곡선은 뾰족한 형태가 되는 거예요.

도둑들은 왜 강에 빠져 죽었을까요

자, 그럼 이제 평균과 표준 편차를 생각해 볼 수 있는 재미있는 예를 들어 볼게요.

중국 후한 시대의 이야기예요. 한고조 유방이 초나라를 멸망시키고, 천하를 통일해 태평연월을 이루어 온 지도 어느덧 사백여 년이 흘렀어요.

그러나 태평세월이 오래 이어지면 어지러워지게 마련인가 봐요. 한나라의 조정에서는 환관들이 세상을 마음대로 좌지우지하고 있었어요. 환관이란 임금을 쫓아다니며 시중을 드는 내시를 말해요.

"저 환관 무리들이 날뛰는 것을 내 이제 더는 두 눈 뜨고 볼 수가 없느니라. 내 참을 만큼 참았도다."

화가 머리끝까지 차오른 임금 영제(156년~189년)가 말을 이었어요.

"저 환관 무리들을 모조리 쓸어 버려라."

임금은 대장군 두무와 태부 진법에게 환관 무리를 없애라 명했어요.

임금 영제의 뜻대로 일이 척척 진행되었다면 나라가 바로 설 수도 있었을 거예요. 하지만 이 계획은 사전에 환관 무리에게 발각되었어

요. 그 일이 있은 이후로 환관들의 힘은 더욱 강해졌고, 이제는 임금이라도 그들의 행패를 어찌 막을 길이 없어져 버렸어요.

환관들은 세력을 더더욱 강화시키기 위해 열 명이 한데 뭉쳐 십상시(十常侍)를 조직했어요. 그러고는 십상시의 우두머리에게는 왕자조차 높여 부를 것을 강요했어요.

환관들이 임금을 정성 들여 보필하지 않고 그렇게 날뛰었으니 나라가 제대로 다스려질 턱이 없었어요. 전국 각지에서 강도가 들끓었고 가는 곳마다 도둑이 출몰했지요.

그렇게 하루하루가 흘러가던 어느 날 한밤중에, 도둑들이 관가를 습격했어요. 그들은 감옥에 갇혀 있던 자신들의 두목을 빼내고 금은보화까지 빼앗아 도망쳤어요. 관졸들이 횃불을 들고 그들을 쫓았어요.

"잡아라!"

관졸들은 죽을힘을 다해 도둑들을 쫓았고, 시간이 흐를수록 그들의 거리는 좁혀지고 있었어요. 그러다 100미터 앞에 강이 보였어요.

"두목, 걱정하지 마세요. 이제 저 강만 건너면 산속 거처로 무사히 숨어들 수가 있습니다."

부두목이 턱까지 차오른 숨을 가쁘게 고르며 말했어요.

"배는 준비되었느냐?"

두목이 다급한 목소리로 물었어요.

"배는 준비하지 못했습니다. 그러나 걱정하지 않으셔도 됩니다."

"다른 방책이라도 있는 것이냐?"

"저희가 이 강의 수심에 대해 꼼꼼히 조사했습니다."

두목이 부두목의 얼굴을 쳐다보며 그의 다음 말을 기다렸어요.

"우리가 건너려고 하는 쪽은 평균 수심이 70센티미터고, 저쪽은 150센티미터입니다."

부두목이 강의 이쪽과 저쪽을 가리켰어요.

"그거 듣던 중 반가운 얘기로구나."

두목의 발은 벌써 강물 속으로 향하고 있었어요. 그 뒤로 부두목과 졸개들이 부리나케 강물로 뛰어들었어요.

"첨벙, 첨벙."

강바닥은 부두목의 얘기보다 더 평탄했어요. 강의 중간 부근에 이르렀는데도 강물이 겨우 무릎에 찰 정도였으니까요.

도둑 무리들은 무사히 강을 건너, 그들의 산속 거처로 안전하게 도망칠 수 있을 거라고 믿어 의심치 않았어요.

그런데 이게 어찌 된 일인가요.

"아악!"

맨 앞에서 강을 건너던 두목이 비명 소리와 함께 사라져 버리더니,

이내 부두목과 졸개들도 연이어서 강물 속으로 자취를 감추고 말았어요.

이런 일이 왜 벌어졌을까요?

그건 도둑들이 평균과 표준 편차를 몰랐기 때문이에요. 강의 단면을 살펴보자고요.

평균 수심이 150센티미터인 곳의 수심은 가장 얕은 곳이 140센티미터고 가장 깊은 곳이 160센티미터로, 수심의 표준 편차가 심하지 않아요.

반면 평균 수심이 70센티미터인 곳은 가장 얕은 곳이 10센티미터도 되지 않지만, 가장 깊은 곳은 무려 10미터가 넘어요. 표준 편차가 너무도 크죠.

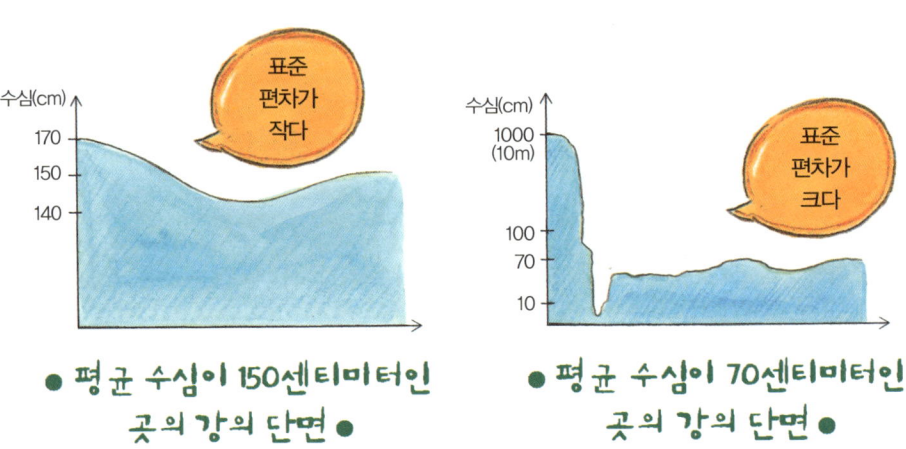

● 평균 수심이 150센티미터인 곳의 강의 단면 ●

● 평균 수심이 70센티미터인 곳의 강의 단면 ●

도둑 두목은 이런 사실을 모른 채 부두목이 말해 준 대로 평균 수심만 믿고 강을 건넌 것이었어요. 그랬으니 후에 벌어질 일은 '명약관화(明若觀火)'했어요. 명약관화란 밝기가 불을 보는 것처럼 뚜렷해서 의심할 여지가 없다는 뜻이에요. 어차피 못된 짓을 일삼고 처벌을 기다리는 처지였으니 벌을 받아야 하는 것은 마땅한 이치였지만요.

강의 깊이를 올바르게 판단하기 위해선 평균뿐만 아니라, 표준 편차도 살펴야 한다는 것을 꼭 잊지 마세요.

케틀레가 종 모양 곡선을 적용했어요(1)

이제 다시 종 모양 곡선으로 돌아가 봐요. 종 모양 곡선에 대해 해 줄 중요한 이야기가 아직 남아 있거든요.

종 모양 곡선의 특징을 알아채고, 이를 통계학에 멋지게 접목시킨 인물이 있어요. 그는 그랜트의 업적을 이어받아 통계학을 발전시킨 사람으로 벨기에의 케틀레(1796년~1874년)예요. 그랜트가 통계학의 문을 연 사람이라고 하면, 케틀레는 통계학을 반석 위에 올려놓은 사람이라고 할 수 있어요.

케틀레가 살던 시대의 유럽은 프랑스의 새로운 황제, 나폴레옹

(1769년~1821년)의 등장으로 떠들썩했어요. 19세기를 한 달여 앞둔 1799년 11월, 쿠데타에 성공한 나폴레옹이 프랑스의 통치자가 되었어요. 그리고 5년 후인 1804년 12월, 마침내 나폴레옹이 프랑스 제국의 황제가 되었어요. 이후 유럽 대륙은 끊임없는 전쟁으로 몸살을 앓았는데, 대표적인 싸움들을 말해 볼게요. (옆 페이지에서 확인해 보세요.)

이렇게 하루도 잠잠할 날 없이 수많은 전쟁을 치르려면 가장 필요한 것이 군인이에요. 무기가 아무리 많아도 그것을 다룰 병력이 없으면 아무 소용이 없으니까요. 그래서 유럽 국가들은 젊은이들을 군인으로 뽑지 않을 수 없었는데요, 거기엔 부정행위가 있었어요.

생각해 보세요. 전쟁에 참여해서 다치지 않고 돌아오는 사람은 참 운이 좋은 사람일 거예요. 전쟁에 참여한 많은 사람들이 크건 작건 부상을 입거나, 때로는 불행하게도 사망하는 경우가 적잖게 일어나죠. 그러다 보니 무슨 수를 써서라도 징집되지 않으려고 하는 사람들이 어디에든 꼭 있게 마련이에요. 케틀레는 이런 사람들이 실제로 있다는 것을 종 모양 곡선을 이용해서 밝혔어요.

우리가 살펴보았듯이, 종 모양 곡선은 가운데의 가장 높은 평균을 중심으로 해서 양옆으로 고르게 퍼져 나가죠. 왼쪽이 오른쪽보다 삐죽 튀어나온다거나, 오른쪽이 왼쪽보다 움푹 들어가는 경우는 없어요.

1805년 10월 21일: 트라팔가르 해전

1805년 12월 2일: 아우스터리츠 전투

1806년 10월 10일: 잘펠트 전투

1807년 2월 8일: 아일라우 전투

1807년 6월 10일: 하일스베르크 전투

1808년 11월 10일: 에스피노사와 하모날 전투

1808년 11월 29일: 소모시에라 전투

1809년 1월 16일: 코루나 전투

1809년 3월 28일: 메델린 전투

1809년 4월 16일: 사칠레 전투

1810년 9월 27일: 부사쿠 전투

1811년 5월 16일: 알부에라 전투

1811년 9월 25일: 엘보돈 전투

1812년 7월 23일: 살라망카 전투

1812년 8월 17일: 스몰렌스크와 발루티노 전투

1813년 5월 2일: 라이프치히 전투

1813년 5월 20일: 바우첸 전투

1813년 8월 26일: 드레스덴 전투

1814년 1월 27일: 생디지에 전투

1814년 2월 11일: 몽미랄 전투

1814년 3월 25일: 라페르샹프누아즈 전투

1815년 3월 20일: 타르베스 전투

1815년 6월 16일: 콰트르 브라와리니 전투

1815년 6월 18일: 워털루 전투

1815년 8월 8일: 나폴레옹 대서양의 외딴 섬 세인트헬레나로 유배

중심을 기준으로, 양쪽으로 똑같게 나타나는 이런 모양을 대칭(좀 더 정확하게는 좌우 대칭)이라고 해요. 그러니까 가운데 평균을 중심으로 좌우 대칭을 이루는 모양새, 이것이 바로 종 모양 곡선의 특징이에요.

교묘한 속임수가 있지 않는 한, 정규 분포 곡선은 반드시 대칭을 이루어야 해요. 정규 분포 곡선이 대칭을 이루지 않는다면, 거기엔 누군가의 장난질이 있었다고 보아도 괜찮아요.

케틀레가 종 모양 곡선을 적용했어요(2)

케틀레는 프랑스에서 모집한 십만여 명의 젊은이 키를 그래프로 그려 봤어요. 종 모양 곡선의 가로는 젊은이의 키, 세로는 젊은이의 수로 표시했어요.

그런데 그래프의 모양이 종 모양 곡선에서 벗어나 있었어요. 그래프가 키가 158센티미터인 지점에서 이지러진 거예요. 이유가 뭘까요?

대한민국의 모든 남성은 군대를 가야 해요. 이것은 헌법으로 규정한 내용이에요. 이를 거역하면 징역형을 받는 등 처벌을 받아요. 그러나 그렇다고 해서 모든 남성을 다 군인으로 뽑진 않아요. 병약하거나 누가 봐도 체격이 왜소한 사람은 선발하지 않죠.

당시의 프랑스도 마찬가지여서, 다음과 같은 젊은이는 전쟁에 나갈 수 없었어요.

"키가 158센티미터 이하인 젊은이는 군인으로 뽑지 않는다."

이런 징집 기준이 발표되자, 키가 160센티미터를 조금 넘는 젊은이들 중에 꾀를 부리는 사람들이 나타났어요. 170센티미터 이상인 사람은 속이려고 해도 속일 수가 없어요. 굳이 키를 재지 않아도, 눈대중으로도 그의 키가 158센티미터 이상이란 것이 자명했으니까요. 그러나 160센티미터를 약간 넘는 경우는 상황이 달라요. 눈으로 판별하기 쉽지 않거든요.

160센티미터를 약간 웃도는 프랑스 젊은이들은 대부분 국가의 부름을 마다하지 않았지만, 일부 젊은이들은 키를 적는 난에 거짓으로 썼어요. 158센티미터가 안 된다고요. 물론 이 과정에 뇌물이 오고 갔을 거예요.

만약 이런 부정행위가 없었다면 키 그래프는 종 모양 곡선이 됐을 거예요. 하지만 종 모양 곡선은 158센티미터 근방에서 매끈하게 이어지지도 않았고, 평균 양쪽으로 좌우 대칭을 이루지도 않았어요.

케틀레는 그래프의 이런 모양을 보고, 군인 모집 과정에 부정행위가 있었다는 것을 밝혀낼 수 있었어요.

종 모양 곡선으로 속임수를 잡아냈어요(1)

케틀레의 예에서 보듯 사람들의 키를 그래프로 그렸을 때, 종 모양 곡선이 된다는 것은 잘 알려진 사실이에요. 그래프가 이 모양에서 벗어나면 키가 제대로 측정되지 않았다는 명백한 증거가 되죠.

케틀레의 예 하나로 끝내기는 섭섭하니, 종 모양 곡선으로 거짓 행동을 잡아낸 또 하나의 재밌는 이야기를 해 볼게요.

이번에는 빵 이야기예요. 프랑스의 저명한 수학자이며 이론 물리학자인 푸앵카레(1854년~1912년)가 겪은 일이에요.

푸앵카레는 아침이면 늘 빵을 샀어요. 그런데 하루이틀도 아니고, 빵 무게가 매번 가벼운 것 같았어요. 아니나 다를까, 푸앵카레가 사 온 빵의 무게를 달아 보았더니 주문한 것보다 가벼웠어요.

푸앵카레가 빵집을 찾아갔어요.

"이보시오, 주인 양반."

"안녕하십니까, 푸앵카레 교수님."

"안녕 못하겠소."

"아니 왜 그러십니까, 교수님."

"기분이 나빠서 그러오. 왜 매번 빵의 무게를 속이고 그러시오."

"그게 무슨 말씀이신지요, 교수님."

"나는 매번 1,000그램짜리 빵을 달라 했고, 당신은 1,000그램짜리 빵이라며 나에게 주었소. 그런데 빵의 무게를 재어 보니 950그램 남짓이었소.

"아, 실수가 있었나 봅니다. 다시는 그런 일이 없도록 하겠습니다."

이 일이 있고 난 뒤부터 빵집 주인은 푸앵카레가 올 때마다 큼지막한 빵을 주었어요. 언뜻 보기에도 1,000그램이 넘었어요. 그러나 푸앵카레는 이를 좋게 받아들이지 않았어요.

'아무래도 수상쩍은걸?'

푸앵카레는 빵집에서 산 빵의 무게를 다시 재기 시작했어요. 푸앵카레는 그 일을 1년여 동안 꾸준히 했어요.

'내 예측이 맞았어! 빵집 주인은 나에게만 무거운 빵을 주고, 다른 사람에게는 가벼운 빵을 주는 식으로 장사해서 돈을 벌었던 거였어!'

푸앵카레가 이렇게 판단한 근거는 뭐였을까요?

종 모양 곡선으로 속임수를 잡아냈어요(2)

사람들의 키가 정규 분포 곡선을 따르는 것처럼, 빵들의 무게도 종 모양 곡선을 그려야 해요. 그래프가 종 모양 곡선 형태가 된다는 것은 빵의 무게가 다양하게 나온다는 뜻이에요. 즉 1,000그램짜리 빵도 있고, 그보다 10그램 많고 적은 1,010그램과 990그램짜리 빵도 있어야 하죠. 물론 50그램 많고 적은 1,050그램짜리와 950그램짜리 빵도 있을 수 있고, 100그램이나 많고 적은 1,100그램과 900그램짜리 빵도 있을 수 있어요.

이렇게 만든 빵 중에서 가장 많은 것은 당연히 1,000그램짜리 빵이어야 하죠. 왜냐하면 1000그램짜리 빵을 만들려 했으니까요. 그리고 1,000그램에서 양옆으로 미끄러져 내려가면서 빵의 개수는 작아지죠. 이것이 정규 분포 곡선의 특징이고, 이렇게 해야 매끄러운 종 모양 곡선이 만들어지죠.

빵집 주인이 정직하게 빵을 구웠다면, 종 모양 곡선처럼 빵의 무게가 매끄러운 곡선을 그리며 차례대로 배열돼야 해요. 그래서 푸앵카레가 1년여 동안 산 빵의 무게도 1,000그램, 1,010그램과 990그램, 1,050그램과 950그램 등등으로 다양하게 나와야만 했어요. 물론 1,000그램 언저리의 빵이 가장 많고, 그 외의 빵들은 중심으로부터 멀어지면서(편차가 커지면서) 개수가 줄어야 했고요.

그러나 빵집 주인이 푸앵카레에게 준 빵은 매번 1,000그램이 넘었어요. 이것은 빵집 주인이 의도적으로 준 거라고밖에 볼 수 없었어

요. 푸앵카레는 경찰에 신고했고, 경찰이 그 빵집에 가서 조사해 보았어요. 그랬더니 빵집 주인이 실토했어요. 푸앵카레에게만 1,000그램 이상 나가는 빵을 주었고, 다른 사람들에게는 1,000그램보다 무게가 덜 나가는 빵을 만들어서 팔았다고요. 그러면서 값은 1,000그램짜리 빵 값을 받았다고요.

무게가 덜 나가는 빵을 팔아서 잇속을 차리려 한 빵집 주인의 거짓됨을 정규 분포 곡선의 특징으로 밝힌 푸앵카레의 지혜가 대단하지 않은가요?

키, 몸무게, 대학 입학성적 등등 우리 주위에서 마주할 수 있는 많은 것들이 정규 분포 곡선의 특징을 따라요. 세상의 많은 현상들이 종 모양 곡선으로 표시되는 거죠.

이제 여러분도 자연 현상이나 사회 현상을 종 모양 곡선으로 바라볼 수 있는 눈을 갖게 되었어요. 케틀레나 푸앵카레처럼 멋진 지혜를 발휘해 보도록 하세요.

| 참고 자료 |

- 《갈릴레오의 진실(Galileo in Rome)》, 윌리엄 쉬어(William Shea)·마리아노 아르티가스(Mariano Artigas) 지음, 고중숙 옮김, 동아시아, 2006년
- 《교양있는 우리 아이를 위한 세계 역사 이야기3》 근대 편(The Story of the World VOL3: Early Modern Times), 수잔 와이즈 바우어(Susan Wise Bauer) 지음, 최수민 옮김, 꼬마이실, 2008년
- 《나폴레옹 전쟁(The Napoleonic wars)》, 그레고리 프리몬-반즈(Gregory Fremont-Barnes) 토드 피셔(Todd Fisher) 지음, 박근형 옮김, 플래닛미디어, 2009년
- 《달콤한 수학사2(The age of Genius)》, 마이클 J. 브래들리(Michale J. Bradley) 지음, 황선희 옮김, 일출봉, 2007년
- 《달콤한 수학사3(The age of Genius)》, 마이클 J. 브래들리(Michale J. Bradley) 지음, 안수진 옮김, 일출봉, 2007년
- 《도박(The age of chance)》, 거다 리스(Gerda Reith) 지음, 김영선 옮김, 꿈앤들, 2006년

- 《로마인 이야기4-율리우스 카이사르(Roma-Jin no Monogatari-4)》, 시오노 나나미(Shiono Nanami) 지음, 김석희 옮김, 한길사, 1996년
- 《만유인력과 뉴턴(Isaac Newton)》, 게일 E. 크리스티안슨(Gale E. Christianson), 정소영 옮김, 바다출판사, 2002년
- 《물리학의 탄생과 갈릴레오(Galileo Galilei-First Physicist)》, 제임스 맥라클란(James Maclachlan) 지음, 이무현 옮김, 바다출판사, 2002년
- 《문명과 수학(The Story of Mathematics)》, 리처드 만키에비츠(Richard Mankiewcz) 지음, 이상원 옮김, 경문사, 2002년
- 〈민속 수학과 목제주령구의 확률 연구〉, 왕문옥·서정철·임인경, 한국수학사학회지 제18권 제4호(2005년 11월)
- 《밀림으로 간 유클리드(Euclid in the rainforest)》, 조지프 마주르(Joseph Mazur) 지음, 이경아 옮김, 한승, 2006년
- 《삼국사기》, 김부식 지음, 신호열 옮김, 동서문화사, 2007년
- 《세계사 100장면》, 박은봉 지음, 실천문학사, 1997년
- 《수학사 가볍게 읽기(Agnesi to Zeno)》, 샌더슨 스미스(Sanderson Smith) 지음, 황선욱 옮김, 한승, 2002년
- 《수학을 만든 사람들-상(Mea of Mathrmatics)》, E. T. 벨(E. T. Bell) 지음, 안재구 옮김, 미래사, 2002년
- 《수학이 자꾸 수군수군-확률(Do you feel lucky)》, 샤르탄 포스키트(Kjartan Poskitt) 지음, 오숙은 옮김, 주니어김영사, 2002년
- 《신기한 수학 나라의 알렉스(Alex's adventures in numberland)》, 알렉스 벨로스(Alex Bellos) 지음, 김명남 옮김, 까치, 2011년
- 《역사는 수메르에서 시작되었다(History begins at SUMER)》, 새뮤얼 노아 크레이머(Samuel Noah Kramer) 지음, 박성식 옮김, 가람기획, 2000년

- 《옛 것에 대한 그리움》, 김종태 지음, 휘닉스드림, 2010년
- 《왜 버스는 한꺼번에 오는 걸까?(Why do buses come in threes)》, 롭 이스터웨이(Rob Eastaway)·제레미 윈드햄(Jeremy Windham) 지음, 김해선 옮김, 경문사, 2003년
- 《왜 숫자를 두려워하는가(Innumeracy)》, 존 알렌 파울로스(John Allen Paulos) 지음, 성하운 옮김, 김영사, 1991년
- 《우리 겨레는 수학의 달인》, 안소정 지음, 창비, 2010년
- 《우리말 뉘앙스 사전》, 박영수 지음, 북로드, 2007년
- 《이야기 수학사(인물 중심으로 본)》, 이태규 편저, 백산출판사, 1994년
- 《재미있는 수학상식》, 송은영 지음, 북도드리, 2007년
- 《재미있는 수학여행3(기하의 세계)》, 김용운·김용국 지음, 김영사, 1991년
- 《청소년을 위한 서양수학사》, 고상숙·고호경 지음, 두리미디어, 2006년
- 《춤추는 술고래의 수학 이야기(The Drunkard's Walk)》, 레오나르드 믈로디노프(Leonard Mlodinow) 지음, 이덕환 옮김, 까치, 2009년
- 《통계학의 역사(The history of Statistics)》, 스티븐 스티글러(Steven Stigler) 지음, 조재근 옮김, 한길사, 2005년
- 《페르마의 마지막 정리(Fermat's Last Theorem)》, 사이먼 싱(Simon Singh) 지음, 박병철 옮김, 영림카디널, 2003년
- 《확률의 세계(Newton Highlight)》, 뉴턴 편집부 지음, 뉴턴코리아, 2012년
- 한국경제 2014년 1월 21일자, 천자칼럼 매운맛, 김선태
- 《한국 기상기록집1(삼국사기 삼국유사로 본 기상 천문 지진 기록)》, 황사연구과 기상역사 팀 역주 및 편집, 기상청, 2011년
- 《한국 속담집》, 한국 민속 학회 엮음, 서문당, 2003년